U0144912

眷村裡的女人

主編／黃秀端

東吳大學人社院USR 計畫系列叢書　　五南圖書出版公司 印行

序

▌軍情局眷村的特殊性

　　隨著民國 38 年國民政府撤退來臺，蔣中正總統於民國 39 年入住士林官邸後，保衛總統的周邊組織也逐漸設立，落腳於芝山岩的軍情局扮演格外重要角色。[1]隨著軍情局在臺灣復建，軍情局人員及其眷屬居住的房舍也陸續興建。軍事情報局過去在臺北市列管的十三個眷村中，有十二個坐落於士林區，[2]形成中山北路以東為外省人聚落的現象。「眷村」快速進駐這個士林郊外的農村，使得原本以農村為主的士林區，融入了臺灣特有的「眷村文化」元素。「眷村」無疑是這個階段最具有象徵性的空間產物，留下了許多豐富的社區文化資產及歷史軌跡。與其他眷村不同的是，從事情報者低調與保密的特色。在兩岸對峙時期，許多情報人員裝扮成不同的身分、不同職業，潛伏回中國大陸竊取機密情報，用自身的安危換取國家的安全與穩定。同時，情報人員時常謹記「將秘密帶進棺材裡」的工作座右銘，讓這個落腳於芝山岩的政府機關及其周圍的眷村，蒙上一層神秘面紗。

　　這些眷屬與榮民在歷史書籍中，很難找到他們的身影，但在看似不起眼的社區背後，卻隱藏了冷戰時期的戰略意義和大時代流下的眼淚。位於外雙溪，距離這些眷村只有幾分鐘的東吳大學，更應擔起大學該負的社會責任，填補這段歷史的空白。

1　當時稱為國防部保密局。

2　根據國防部編印的《眷戀：憲兵與軍情局眷村》一書，雨後新村是民國 39 年興建的，40 年搬入的。

當初撤退來臺的絕大多數是男性軍人，除了階級較高的軍官可以攜家帶眷一起到臺灣以外，未婚或者妻小無法跟著過來臺灣的軍官、士兵，開始與本省女性通婚，也因此有「芋頭配番薯」的組合出現。這些來自臺灣各地的女性，有些是家境清寒，認爲嫁給外省軍官可以改善家計、有些是自由戀愛，因爲工作、相親、朋友介紹而認識，她們進到這個以外省人居多的封閉村莊中，努力克服文化、語言、生活習慣的障礙，同時想辦法在那個「家庭即工廠的年代」，在照顧家庭之餘，接家庭代工來做。眷村的女人，在大時代的動盪下，其丈夫深入敵後出生入死，獨自一人奮力撐起一個家。無論是哪一省籍的，眞正撐起一個家的其實是女性，我們決定先出版女人的故事。尤其是在情報局眷村，有些老公因爲工作被外派的緣故長年不在家或是因爲薪水太低，面對多位嗷嗷待哺的孩子，有的做家庭代工、有的幫人帶小孩，從中可以看到女性的堅忍、刻苦與無私的奉獻。

　　在這一年多來常常有和時間賽跑的感覺，眷村的第一代多年事已大，常會聽到某某爺爺、某某奶奶走了的消息，讓人驚覺到不得不加快腳步進行。本計畫總共訪問了五十四人次，四十個人，有男性、女性，有眷村內，也有眷村外的民家，還有里長與學者專家等。《眷村裡的女人》將會是我們第一本書，陸續還會有第二本與第三本。

▌眷村裡的女人

　　本書總共訪問了十五位眷村女性，分成三部分，第一部分是所謂的眷村第一代，共有八位。她們有的是在驚滔駭浪之中飄洋渡海到臺灣，經歷了生死一瞬間的景象，宛如電影中的情節。「當時有五條船同時開，結果只有三條船到岸，

另外兩條中途就消失了。」、「我看到很多人不斷往船上擠，有的人還掉到海裡。」、「當時部隊的長官說：『還剩一班船，如果錯過，可能就去不了臺灣了。那時大家也不了解臺灣是什麼地方，既然長官這麼講，就只能跟著他們走。』」。陳玉芬的母親蘇潔英必須面臨人生最痛苦的抉擇，由於當時軍船的空間有限，每位軍人最多只能帶上兩個孩子，蘇潔英最後沉痛地選擇帶著大兒子和仍在襁褓中的三兒子，留下大女兒和二兒子給父親照料。憶起離開那日，身為一個母親，必須忍痛與孩子分離，是難以磨滅的記憶。賴添珍的老公與羅國瑛的父親則是在大陸淪陷後，仍留在香港、澳門等地從事情報工作，直到民國 46 年情勢危急，才到臺灣。這一代人的故事，講也講不完。

　　第二部分是嫁進眷村裡的女人，四位本省籍，包括客家、閩南或原住民嫁到眷村的故事。民國 36 年二二八事件以及一連串的事件與政策，引發臺灣人與外省人之間的對立。因此對於本省與外省之間的通婚，許多本省人家庭是有意見的，因此當受訪者黎秋蟬的父母聽到她要與外省人結婚時，極力反對並說：「嫁給外省人，不如殺給豬吃。」但她還是毅然決然地走入婚姻，最後在生完小孩後，終於得到父母的諒解。因媒妁之言而心不甘情不願嫁入眷村的朱福妹，反而譜出一段幸福的婚姻。

　　第三部分則是訪問眷村第二代的女性，三位的父母親皆來自中國大陸，[3] 皆是在臺灣出生，在眷村長大。三位都記得在眷村生活雖然清苦，但是人與人間互相信任、體諒與包容，家裡煮什麼大家都會相互分享。雖然生活清苦，卻是很快樂。不過，大家也感嘆，眷村改建後，生活空間大幅改善，但是

3　原來訪問三位，其中一位決定撤稿，最後僅刊出兩篇。

過去那種人與人間緊密的互動關係卻消失了，這也是眷村時代最讓她們懷念的一點。

在訪問過程中面臨重重關卡，先是要到哪裡找人，感謝一些貴人的幫忙，得以順利完成訪問。訪問完之後，逐字稿的整理花了一番功夫，碰到有幾位鄉音比較重的，只好請求其家人協助。逐字稿完成後，整稿的工作更是辛苦，要把約六、七十頁的逐字稿整理成現在的篇幅，確實不容易。在此要感謝周筱珍、張妙淨和邱禹捷的協助。整完稿之後，為求慎重起見，我們請中文系林宜陵老師和其博士生幫忙潤稿。潤完稿子後，再請原受訪者過目，並徵求授權。原受訪者總是有要求修改之處，我們當然尊重她們的要求。但是比較可惜的是，有三位受訪者決定撤稿。另外有一位決定不要將她的名字曝光，雖然名字不曝光，但是故事內容是真實的。

▌東吳在社區的活動

書的後半部記錄過去兩年來東吳大學人文社會學院 USR團隊在社區的活動。我們在社區的第一個活動是「園藝動手做」，讓社區居民利用黃金葛、虎尾蘭等室內植物做成水苔球，這些植物既具有身心療癒效果，也具有空氣清淨效果。該活動引起熱烈回響，接著有「手工肥皂 DIY」、「防蚊液DIY」、「花草帶給我快樂的能量」、「保健青草植物守護我」、「打出健康的身體，天然經絡拍打棒製作」，這些都是利用天然與環保材料，透過動手做的方式，讓大家健康、快樂、有能量。

除此之外，還有一堂由沈心慧老師帶領的「生命書寫與服務學習：雨農山莊長者肌力運動」的一學期課程。該課程採取的方式為，先請體育老師陳怨帶領社區長者進行肌力運

動，同學在旁協助；運動完後，分小組討論。由同學與長者互動，幫他們寫出生命故事。許凱翔老師則在旁攝影並分享看到的效果。

「六角孔編置物籃」與「手作皮革 DIY」由賴老師帶領，嘗試不同的活動。不過置物籃的編織對大家而言是比較困難的。老師很努力的用各種方法教大家，但是怎麼教都不會，因此當下決定再上一次課。老師想出用膠帶固定法，終於讓大家得以完成成品。

雨農盃卡拉 OK 大賽與中秋美食饗宴是我們舉辦的兩個大型活動，參與人數皆破百，超出我們預期。讓我們感到驚訝的是卡拉 OK 大賽來了上百名聽眾，他們開心地隨著唱者的節拍而舞動。除了團拜之外，該社區第一次有機會聚集那麼多人同樂。在中秋美食饗宴，我們事先號召六位社區媽媽，盧惠珍、彭雯華、邱敏華、蔡祖燕、林貴香、張秋圓烹煮出眷村佳餚，最後我們為她們出一本眷村媽媽的廚房故事。那天晚上雨下個不停，卻阻止不了大家來分享美食的興致。

▌無限的感謝

我要感謝本書所有受訪者，她們那麼信任我，願意把她們的生命故事以及照片交給我。這本書將是對她們最大的致敬與感激。其次，要感謝雨農山莊的前後任主委，溫德生主委和陳永醒主委在過去兩年來的熱心協助。最後，要感謝我們整個 USR 團隊，鄭得興老師、楊俊峰老師、林宜陵老師、施富盛老師、許凱翔老師、沈筱綺老師共同的努力以及兩位助理張妙淨和邱禹捷的辛苦。同時，也要感謝東吳同學的參與。

第二本與第三本書將陸續出版，請大家拭目以待。

黃秀端　於　外雙溪

目錄

雨農山莊的緣起

雨農山莊前任主委　溫德生上校

　　民國 38 年（西元 1949 年）隨軍來臺的眷屬散落各地，以克難的方式搭建避風雨的棲身居所。翌年，國防部情報局在芝山岩山麓自地自建了六十戶的雨後新村，爲國內最早的眷村之一。民國 39 年（西元 1950 年）蔣宋美齡成立「中華婦女反共抗俄聯合會」（簡稱婦聯會），發起國內外捐款增建眷村。民國 48 年（西元 1959 年），又在比鄰的空地另建一百四十四戶的忠勇新村，以小徑與雨後新村相通，成爲情報局管轄的十五個眷村之一，即今日雨農山莊的舊日規模。

雨後新村為軍情局所轄的第一個眷村（溫德生提供）

忠勇新村為婦聯會募款捐建，門柱上有蔣宋美齡的題字（溫德生提供）

　　當時的房舍坪數甚小，甲等為兩房一廳，乙等為一房一廳，附狹窄的衛浴各一，兩村僅有三間公共廁所。當時眷舍的建材相當粗糙，下牆為磚頭砌成，上牆為竹編糊土，颱風天時有坍塌之虞。

　　忠勇新村的村口有一小間辦公室，設有一台手搖式軍用電話，比鄰有一間理髮店和三家小店，村口右側的空地一度是蚊子電影院，時有勞軍電影放映，後移至村外的泥土籃球場（今日猶存的懷仁新村）。眷村裡為了環境清潔不准養雞鴨，還有兩名工友負責打掃，由於管理妥善，整齊劃一，常有外賓蒞臨參訪，蔣夫人和副總統陳誠夫人譚祥女士曾經陪同玻利維亞總統夫人和菲律賓副總統夫人來過，軍聞社也跟隨拍紀錄片，至今社區教室還存放三張當年外賓來訪的珍貴照片。

1960 年代陳誠副總統夫人譚祥女士陪同外賓參訪忠勇新村（溫德生提供）

　　50 年代末期，建商在雨後新村前方的空地蓋了雨農市場，因爲士林官邸周遭禁建兩層以上的建築，迄今還維持原貌。市場除了攤販，還有一間「榮泰」保齡球館，風光一時，但發生一場大火，將荣市場和保齡球館燒毀，因都更一直談不攏，重建遙遙無期。在雨農市場還沒起建前，那裡有兩個高射砲班，一個在平地，另一個在雨農路 49 巷 14 號的二樓頂，現今砲已拆除，石階還殘留著。

高射砲班遺留下來的石階（黃秀端提供）

此地原本有幾家老商店仍在營業，如眼福書局、文山堂藥房，以及金長園五金行，本來有的銀樓、「安美行」麵包店、中藥店均已歇業；雨農山莊前的「中美」理髮店打從念大學起，我一直在那裡理髮。順便一提，在西螺果菜賣場後方的鐵皮屋內，隱藏著一間泥磚小屋，它是 40 年代就存在，租給附近的軍人洗熱水澡的「福林浴室」，是很少有人知道的「古蹟」。

從前租借給附近軍人洗熱水澡的福林浴室（溫德生提供）

　　民國 52 年（西元 1963 年）6 月，雨農路始有中興大業巴士行駛（永和一故宮線），居民似乎不喜歡公車經過，後來就不再行經雨農路。

　　因隨著子女的成長居住空間日感侷促，住戶曾經兩次自費擴建，民國 59 年（西元 1970 年）自費加蓋後半樓，擴建為二樓或三樓。如此可多出一個房間，最大的方便是有了浴室和廁所。

現今雨農市場與周邊的空照圖，箭頭處主要指出三處，分別是雨農市場舊址、中興巴士停靠處，及高射砲砲臺（溫德生提供）

民國 85 年（西元 1996 年），立法院通過老舊眷村改建條例，逐步拆除全臺各地簡陋的軍眷住宅。民國 86 年（西元 1997 年）元月兩村住戶同時遷移，施工期間因遇物價騰漲，一度停工，最後國防部追加預算，原住戶自籌部分款項，轉由「國記營造公司」承建，終於在民國 94 年（西元 2005 年）9 月落成交屋。新建的五棟公寓住宅，共計二百五十二戶，以前軍統局局長戴笠將軍之字而命名為「雨農山莊」，自此舊雨新知結緣福地。

由於年代已遠，歷任村長的名氏已難詳徵考，經多方諮詢耆老。僅得湯俊雄、黃昌興（雨後）；王允恭（首任）、張長青、李志宏、許濟民、王芳武和諸桐（忠勇）等前輩的姓名，他們對過去眷村事務的發展或新社區的籌建，蓋有勳猷，不可忽忘。

「眷村文化」是中國各省多樣性俚俗的匯集，也是臺灣最早外省籍軍人與本省籍女子通婚，族群融合的見證。近年臺灣各地的眷村第二代對消失的「竹籬笆」興起了戀念情懷，群起設法保存這種特殊文化，斯土斯民，應不忘卻曾經走過

的歲月艱辛。為此，第十一屆管理委員會在 12 月的會議中通過將交誼室改為「眷村歲月」紀念館，展示昔年眷村的生活照片，典藏共同的記憶，是以為記。

圖為雨農山莊的中庭走道，爺爺、奶奶們會在此處納涼、閒聊（黃秀端提供）

環境清幽的雨農山莊（黃秀端提供）

壹

飄洋過海到臺灣

一、最難的抉擇

——蘇潔英

一、最難的抉擇——蘇潔英（由陳玉芬代為口述）

驚滔駭浪中來到陌生的臺灣

我叫陳玉芬，於民國 46 年（西元 1957 年）出生。在此根據母親的日記、筆記，加上記憶中父母親的口述，來回顧一段他們戰亂時期的真實故事。

我的父親是陳敬如，海南瓊山縣人，民國 4 年（西元 1915 年）出生，曾就讀廣州私立中華中學及廣東無線電專門學校。母親蘇潔英是廣州市人，於民國 6 年（西元 1917 年）出生，但她身分證上登記的年份是民國 8 年（西元 1919 年）。父親已於十餘年前因肺炎逝世，享年九十二歲。母親今年（民國 108 年，西元 2019 年）一百零二歲，雖然在三年半前因中風半身癱瘓，但仍堅強地活著，每週皆去醫院做復健，並快樂地跟認識與不認識的人打招呼。也會用黃梅調含含糊糊地唱著《梁祝》，用廣東話背誦《陋室銘》、白居易的《燕詩示劉叟》等一些詩詞。

我的母親曾就讀省立廣州女子師範學校，尤其喜愛古詩詞與音樂，但因日軍占領廣州而未能完成學業，只好跟隨在縣政府工作的舅父遷移到東江流域，隔著江河與日軍周旋，並在舅父的介紹下，經自由戀愛後與父親結婚。

父親是一名軍人，跟著部隊與日本軍隊作戰，負責軍隊及政府機關的通訊與聯繫工作，經常需要隨著戰事而移防，母親則抱著小孩，僱老百姓挑著扁擔跑警報、躲砲火，在戰亂中產下兩男一女。八年抗戰結束後解甲歸田，但領到的錢在急速貶值之後，還不夠買船票回家，需要舅父的協助才能攜眷回到父親海南海口的老家，三哥便是在海口出生。

母親蘇潔英年輕照（陳玉芬提供）　父親陳敬如年輕照（陳玉芬提供）

　　國共內戰兵敗如山倒，孤懸在外的海南島也是人心惶惶，爲了國家安危，父親不久又重返部隊，在海口負責電台的通訊工作，擔任陸軍 63 軍通信營的上尉排長。民國 39 年（西元 1950 年）4 月戰火緊急，國軍準備撤退到臺灣，[1] 母親獲知又要逃難，但父親必須跟著部隊移防不能回家，只能指派一名勤務兵幫忙挑行李帶路，從海口跋涉到南方的榆林港等候登船。戰火遍野，海口淪陷，民國 39 年（西元 1950 年）4 月 30 日，父母親從海南的榆林港搭乘灤州輪，歷經一個星期的航程，終於抵達高雄。[2]

1　受訪者此處所指的是海口撤運事件。民國 39 年（西元 1950 年）4 月 22 日，駐守在海口的國軍因無法抵擋共軍攻勢，便下令在 4 月 22 日的下午全數撤離到臺灣，但整個撤運行動直到 5 月 2 日才完成。資料來源：王俊昌、陳亮州。2010。《進退存亡：民國 38 年前後軍事檔案專輯》。台北：行政院檔案管理局。

2　陳女士的母親有於任有一照片後謄寫經過的習慣，故有關此經歷的原文如下：「續後：傑：芬：祥三兒女在臺生。民 38 年攝於海口 32 歲，39 年 5 月從榆林港乘灤州輪到高雄航程一星期。如，培，安及我四人。漢，霞，留在海口家中。」此外，根據行政

逃難之路凶險，早已預料到無力攜帶所有的小孩，而且當時大家都以為戰爭總會結束，於是雙親決定只帶著十一歲的大哥跟尚在襁褓中的三哥，趁著二哥和大姊睡著時偷偷地離開，忍痛將兩個親生骨肉留在海南給爺爺照顧。直到後來兩岸可以互通書信的時候，二哥說當年他看到父母在整理行李，但並不知道他們很快就要離開海南，他說：「如果他知道爸媽是要離開，他一定不敢睡覺。」因為一覺醒來全家人就分隔兩地幾十年。此外，信裡也透露了他留在大陸吃了很多苦，但沒有抱怨父母，看到那些書信，很難有人不心酸！

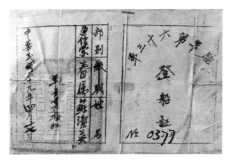

登船證（陳玉芬提供）

　　據母親描述，當時登船的過程相當驚險，船上的人數早已超載，還有武器、大卡車等物資都要運上船，即使有登船證，也不保證能登船。母親牽著一個小孩、抱著一個嬰兒，如果不是有好心人士幫忙，很可能會擠不上船。幸運的是，在碼頭時，母親剛好看到一輛軍用大卡車正要懸吊上船，經過懇請才被允許坐上那輛被吊過船舷的卡車，懸吊的過程當

院檔案管理局所出版之《進退存亡：民國 38 年前後軍事檔案專輯》一書記載，灤州輪是民國 39 年 4 月 30 日最後一個離開榆林港的船隻。

然危險，但逃難時哪顧得了這麼多；另一方面，父親正跟著部隊撤防，因為軍情緊急，哪顧得了自己的家眷是否能上得了船。經歷過這樣驚險局勢、跟著母親渡海來臺的大哥，常說我們後輩都沒有吃過苦，不知道戰亂的可怕。

在戰亂中成長的人都有些小智慧，母親考慮到船隻航行途中，衛生飲用水必定缺乏，便帶了一顆冬瓜，這樣在需要時就可以切一片療飢解渴。船上僧多粥少，必須與其他難民搶飯吃，大哥因個頭小，方便鑽過縫隙拿到飯菜，而母親則留在原處照顧年幼的三哥，沒有奶粉，只好以隨身攜帶的煉乳當作嬰兒的食糧。父母親和兩位哥哥從高雄上岸後，便急著找熟人及回歸部隊編制，走走停停，搭著夜車一路北上，經過新營、嘉義，常隨處找個牧場、農家的屋簷，一家人瑟縮著度過寒夜；來到桃園大溪之後，也曾住過寺廟，或者在民宅的騎樓底下過夜，待到天亮時，如果有人來驅趕，就要馬上走人，相當辛苦。幾經波折，一家人暫時落腳在大溪，父親也在臺中找到一個無線電教學的臨時性工作，所以大哥是在桃園大溪的員樹林念小學、初中。

後來父親找到情報局的工作，全家便搬到士林的社子，一家四口租了間僅有公車大小的房子。當時沒有自來水，母親每天都到房子旁的河川挑水，那些水還需加點明礬沉澱水質才能飲用。[3] 我的三哥就是念社子國小，他說開門望出去都是稻田，鄰居、同學絕大多數都是本省人，大家打了赤腳在

3　明礬可在一般藥局購買，主要是用來淨化水質。明礬粉末加進污水，會變成氫氧化鋁，和污水中的細懸浮物產生反應。氫氧化鋁有黏性，會吸住細懸浮物，達到一定重量就沉到杯底，有淨化雜質的效果。資料來源：台視新聞。2015。〈家用水混濁怎辦？加明礬成簡易淨水器〉。網址：https://www.ttv.com.tw/drama12/NewsScience/view.asp?id=187638。最後檢視日期：2019/12/11。

稻田裡跑來跑去、看人割稻打穀。[4]

▌從板橋十二埒到士林芝山岩

不是每個軍人都可以配到眷舍，只有少數單位與軍階資深，且有家眷的軍人才能配到眷村。民國46年（西元1957年），國防部在板橋十二埒的大漢溪邊新蓋了一片眷村，主要是分配給陸海軍眷居住，並在村門口蓋了間小學，我父親很幸運地被分配到其中一戶。當時沒有自來水，而井水有股濃濃的怪味，母親便買了個大水缸，用明礬淨水後才能喝。我家位在河堤旁邊的眷村，且是最後一排，最近河邊。大約民國47年（西元1958年）時，有一次颱風來襲，媽媽帶著三個孩子涉水到村中地勢較高的小學避難，僅留爸爸和大哥留守家園，當天夜裡水淹及膝，但河水仍暴漲不停，兩人就站在飯桌上抱著屋頂梁柱守到最後一刻。颱風過後政府擔心水患再發，就把整個眷村分批遷移，我們則在父親的申請下，搬遷到士林芝山岩附近新落成的忠勇新村，[5] 我家小弟便在此處誕生。

我們家附近除了情報局的雨後新村之外，還有聯勤、官邸侍衛等單位的眷村。當時的眷村屋舍的結構大致相同：一層的連棟建築，一排十戶；牆有約一公尺的砌磚作基礎，上

---

4 打穀指的是手持稻梗在打穀機上來回拍打，使穀粒脫離稻稈。

5 根據國軍退除役輔導委員會於西元2018年12月12日發行之《榮光雙週刊》第2359期「眷村歲月在這裡停格系列報導（十二）雨後現彩虹雨農山莊走過艱辛再出發」之內容，政府遷臺後，當時的保密局於民國39年在芝山岩重建，並開始在周邊自建眷舍，民國40年「雨後新村」60戶完工，供局內有眷無舍人員居住。民國48年婦聯會募款興建另一個「忠勇新村」，共有144戶，同樣做為局內人員眷舍。此時保密局已改制為情報局。

面則是竹片與泥土編成的牆刷上了白粉，屋頂是黑瓦，室內沒有天花板：兩個房間一個客廳，外伸出去的廚房兼做浴室，兩家之間自己會用竹籬笆隔開。那時候眷村房型有大小差異，分甲種和乙種眷舍（甲種眷舍較乙種眷舍坪數大），我家因人口數較多，被分配到稍大坪數的房型。

忠勇新村和雨後新村僅有三間公用的蹲式廁所，各家並沒有自己的廁所，所以家中晚上會擺著尿桶，早上再拿出去傾倒；廚房沒有瓦斯，要自己生火煮飯、燒熱水；沒有浴室，各戶人家要自己燒好熱水，倒在大鋁盆中，直接在戶外洗澡。我們搬進忠勇新村時，就已經有供給自來水了，瓦斯則是到我上國中以後才有。我家的房子有前院和後院，前院有個小花園，後院則有父親親手挖掘的小池塘和堆疊的小假山，一旁還有葡萄藤架，整體的居住環境非常溫馨和樂。

眷村裡的父親們都是同事，來自大陸各省，記憶中有山東、河北、河南、四川、江蘇、浙江、安徽、福建、廣東、廣西等，所以收音機裡經常傳來平劇、[6] 蘇州彈詞、[7] 山東鐵

6　平劇，原稱京劇。約於清光緒年間（一說道光年間）形成於北京，迄今約有二百年。京劇的前身是徽劇（徽調）、漢劇（楚調）、昆曲、秦腔、京腔，並受到民間俗曲的影響。民國 17 年，國民革命軍北伐後，北京改名北平，京劇才改稱「平劇」。資料來源：國立傳統藝術中心官網。〈京劇的起源與發展〉。網址：https://www.ncfta.gov.tw/content_175.html。最後檢視日期：2019/12/11。

7　彈詞：一種曲藝。流行於南方各省，表演者大都在一人至三人，有說有唱；伴奏樂器以三弦爲主，或再加上琵琶、揚琴陪襯。唱詞多爲七字句。曲調、唱腔則因地而異，本文提及的蘇州彈詞，便是來源於蘇州。資料來源：教育部重編國語辭典修訂本。〈彈詞〉。網址：http://dict.revised.moe.edu.tw/cgi-bin/cbdic/gsweb.cgi?ccd=v6znsD&o=e0&sec1=1&op=sid=%22Z00000051214%22.&v=-2。最後檢視日期：2019/12/11。

板快書、[8] 河南梆子、[9] 廣東音樂、黃梅調、相聲，跟歌仔戲等不同的聲音和腔調。眷村裡的孩子會一起在村後面的空地玩耍，有時玩捉迷藏還會直接躲到鄰居家中，大家感情都很好。提到鄰居家，眷村裡人與人的關係很緊密，每戶人家會彼此分享食物、媽媽們會熱情招待鄰居的孩子、鄰居也會互相串門子，對眷村的居民來說，到鄰居家裡作客是很自然的事情，而且家裡的油鹽醬醋茶也會互相借來借去。逢年過節時我們會磨米，然後在家裡蒸年糕、蘿蔔糕；端午節會包粽子、中秋節做月餅；過年的時候則是醃臘肉、灌香腸。在那個年代，過節氣氛很濃厚。除了叫賣的小販，不住在村子的人，很少會進到眷村，即使想搬進村子，也一定要是軍職人員，還需要通過國防部核准才行。

軍眷實物補給證（陳玉芬提供）

　　小時候有所謂的「補給證」，每個月由農會推著手推車來發配給，家家戶戶就可以拿著罐子、桶子到街頭

8　山東鐵板快書：起源於山東，以山東話演唱，用兩片半圓形的鐵板做為擊節道具，也稱鐵板快書，唱詞基本上是七字韻文，語言明朗風趣，情節生動，做表誇張，節奏明快。資料來源：演說家教育學院官網。〈口說藝術〉。網址：https://jking170.weebly.com/21475354983426934899.html。最後檢視日期：2019/12/11。

9　河南梆子，又稱豫劇。是河南省地方戲曲，流行於河南、陝西、甘肅、山西等地。一般認為是明末清初期間，秦腔和蒲州梆子傳入河南，與當地的地方小戲、民歌小調結合演變而成。資料來源：中華文化頻道官網。〈中國戲曲查篤撐〉。網址：http://rthk9.rthk.hk/chiculture/chiopera/index.htm。最後檢視日期：2019/12/16。

巷口領取麵粉、米、油、鹽等生活必需品。每個家庭依照年齡和口數分成大口、中口、小口分配物資數量。當時只要生病，一定是到情報局所屬的軍醫院看診，因爲距離眷村近，相當方便，只有嚴重的疾病才會到榮民總醫院就醫。

▌我的父母親

父親在廣東時擔任電信通訊的職位，負責幫部隊聯繫地方政府；回到海南島後，則在海口負責一個電台的電報通訊，他的主要職務是收發電報、翻譯並拆解密碼，大哥說爸爸打密碼的速度很快。父親在來臺之前是隸屬廣東軍團，在團裡面擔任陸軍通訊兵上尉。來臺後輾轉加入情報局，負責後勤器材製造與管理，不是敵後工作的情報員。

爲了因應政府精簡部隊，父親於民國 52 年（西元 1963年）奉命退伍，當時是少校軍階，領了幾萬塊退休金，沒有終身俸。退伍之後，他曾因罹患胃出血，動過手術把胃切除一部分，所以身體不好，不適合勞力工作，而且當時就業機會很少，以他的專長找不到合適的新工作，所領的退休金眼看就要坐吃山空，只好由母親外出工作。

母親原本是家庭主婦，後來透過介紹所找到工作，前後將近十年的時間在不同家庭擔任幫傭，這份薪水也成爲支撐家庭生計的重要來源。母親憑著會燒廣東菜的好手藝，在當時不愁找不到雇主，也因此經常早出晚歸，常會有一段時間需要離開家、外出工作。當時家裡的小孩都在就學時期，學雜費的壓力是一筆很大的負擔，如果沒有母親的工作，我們的學業恐難完成。

民國 77 年（西元 1988 年），父母曾回老家探親，終於有機會見到二哥與大姊，但那時爺爺與奶奶早已過世。二哥在一家機械廠內工作，大姊在海口針織廠做工。母親至今仍

保存了每一封與二哥的通信。我自己在護專及空大畢業後，便在市立醫院工作，離家裡很近，民國78年（西元1989年）起就與父母同住，至今已近三十年，我的護理專長讓我在照顧年邁父母親的時候，能比較得心應手。

情報子弟就讀的雨聲小學 [10]

小學時我就讀雨聲小學，當時附近有兩間私立的國小：雨聲小學、華興育幼院。[11] 蔣夫人相當關心遺眷的撫育，因此創辦華興育幼院，在早期僅提供軍人遺族就讀。雨聲小學的校園很小，僅提供情報局的子弟就讀，到後來才改制成一般小學全面招生。[12] 上小學時，我和小哥會一起走路上學；放學後，我也會在小哥的教室門口等他一起回家，我們不敢在路上逗留，都是直接回家，所以很少有機會接觸到本省人。此外，為了應付升學考試，那時還會參加補習。因為小學老師的待遇不好，需要一些額外收入，便鼓勵大家留校補習；但有時候一下課就開始收補習費，這也讓父母們很為難。

---

10 雨聲國小早期隸屬於軍事情報局，只招收情報局員工子弟，故許多家庭都是國共內戰後來臺的。資料來源：臺北市政府。2012。〈市府新聞稿「春風化雨甲子慶、雨聲有愛話真情」～雨聲創校60週年校慶暨運動大會〉。網址：https://www.gov.taipei/News_Content.aspx?n=F0DDAF49B89E9413&sms=72544237BBE4C5F6&s=CC636C51568AA89F。最後檢視日期：2019/8/3。

11 華興育幼院位於陽明山半山腰，為蔣宋美齡女士所創辦，原先是收容情報局人員的遺孤，目前收容對象為北市低收入戶子女、國軍遺孤、無力教養家庭子女、失親失依及風災、震災專案等需要幫助的孩子。資料來源：華興育幼院官網。網址：http://www.hhch.org.tw/volunteer.htm。最後檢視日期：2019/11/24。

12 「私立雨聲小學」於民國54年（西元1965年）8月移交地方政府，改稱雨聲國民小學。

情報局每年的 3 月 17 日要紀念戴先生，[13] 學校也會派代表到局裡參加莊重的紀念儀式。記得我國小三年級時，317 當天要到學校參與升旗，隨後開始許多慶祝活動，譬如穿著漂亮的衣服到局裡跳民族舞蹈；我父親也會拿一盒局裡發放的西點回家。那時雨聲小學的校長是姜毅英，[14] 她當時已是將軍，所以在管理校務上面也相當軍事化、相當嚴謹；但她同時也是一位舉止得體、相當有愛心的人，而她宏亮有力的聲音，是最令我印象深刻的。

　　我是我們家在臺灣唯一的女孩子，父親因此特別疼愛我。我小學時參加雨聲合唱團，父親便替我做了一件團服，還買皮鞋給我；所以即使皮鞋破了，我也要繼續穿，因為那裡面滿含父親的愛。雨聲小學的服儀規定是較為嚴格：卡其色的制服、白襯衫、兩條藍帶，看起來很有規矩；頭髮則沒有特別限制，我當時是留著兩根長辮子。

▋童年眷村生活酸甜苦辣

　　以前還沒有雨農市場，所以忠勇街很熱鬧，眷村媽媽們平常都在那邊的攤販買菜。眷村村頭有一家名為「老董」的

13　這裡的戴先生，指的是戴笠。民國 35 年（西元 1946 年）3 月 17 日，戴笠所搭乘的飛機在從青島前往南京時，在南京西郊的岱山失事，戴笠因此身亡。資料來源：《戴笠——蔣中正的特務頭子》。pp. 509–510。新北：傳記文學。

14　姜毅英為情報工作人員，專門從事破譯工作。對日抗戰期間，姜毅英是軍統第四處電台台長，任譯電科長，曾破譯日軍偷襲珍珠港的密碼，破格由中校擢升為少將。來臺之後，曾任職軍情局所創辦的雨聲小學校長。資料來源：自由時報。2015。〈是誰破譯日襲珍珠港？ 我與中各執一詞〉。網址：https://news.ltn.com.tw/news/politics/breakingnews/1244729。最後檢視日期：2019/12/15。

小雜貨店，賣一些簡單的生活必需品，老闆會讓每家拿個小本子賒帳，發了薪水再去結清帳款。當時大家的生活普遍相當清苦，沒什麼物質享受。

除了老董雜貨店外，隔壁還有一家很受大家喜愛的麵攤子，也是村子裡唯一的麵店，賣著帶有北方手藝的陽春麵，跟現在的陽春麵味道完全不一樣。他們的陽春麵是我吃過最好吃的，如今還念念不忘。另外，在村頭還有間理髮店，村子裡頭就這三家店。眷村的大門旁還有村長辦公室，裡頭會有手搖的軍用電話，只供住戶緊急聯絡時用，不能拿來聊私事。

總統的官邸就在附近，外人是無法進入的，小時候跟父親去士林時，常會經過士林官邸那個區域，對官邸充滿了好奇心。官邸附近非常寧靜，門口有崗哨，外圍都是一些厚實的竹林或圍牆，密不通風根本看不到裡面，可以猜想裡面一定警備森嚴。忠勇新村在官邸附近，所以憲兵經常會來巡邏，穿著鐵釘的鞋子，發出金屬的聲音，很有威嚴。特別的是，他們也會抓打麻將的人，因此一有風聲，大家就要收斂點，附近很多眷村似乎都將打麻將當成平時消遣的娛樂。

我很懷念童年時光，我的同學都住在眷村裡，我除了會到同學家串門子，還會跑到眷村後的小溪玩耍，抓小蝦、小魚。小溪曾經淹死過人，父母一再叮嚀不要去，但我們還是會偷偷跑去。上學的路上會經過稻田，當稻田收割後，我們也會去抓一些動物、採番薯，或是在草堆中打滾。小時候都玩瘋了，根本不想回家，一放學就跟鄰居玩到滿頭大汗，直到媽媽拿著雞毛撢子出來找孩子回家吃飯。眷村的小孩都玩在一起，但還是有仗著自己父親的軍階，在眷村內耍流氓的人，很是討厭。

說到附近的外雙溪，舊的雨農橋其實是水泥橋（西元1960 年代建造）；有一次因為颱風造成的河水氾濫而被沖

垮，導致有段期間，我們要走獨木橋到對岸。颱風過後，河邊有工兵來築起堤防，後來也修建成現今的雨農橋（建於西元1981年），變得相當穩固且外型漂亮，不會再被輕易沖垮。除此之外，眷村附近曾有幾座防空高射機槍，但大約民國50年（西元1961年）前後都已撤除。後面的小山有地下兩層的軍事防空洞或地下碉堡，但沒有任何崗哨和駐軍，男孩子不怕黑，愛跑到裡面去探險並嚇唬同伴，後來防空洞入口的鐵蓋子被鎖起來，不能再進入了。

防空洞上方（黃秀端提供）　　　防空洞入口，現已上鎖（黃秀端提供）

　　童年除了玩耍外，我們還接觸了宗教：美籍傳教士會定時在村子大門旁的簡易竹棚下傳播福音。剛好當時國家正在接受美援，教會也會發麵粉、奶粉之類的物資，難怪有人也稱其為「麵粉教」。教會也會對聽道的小孩發一些閃亮的卡片，藉以吸引我們，當時物質生活不佳，可想而知那些亮晶晶的卡片對小孩而言，是多麼的有吸引力！我們會上教堂找教士們玩，加上他們會帶領大家唱歌跳舞，對我們的影響頗深，也因此沒機會接觸臺灣民間信仰。

　　眷村裡的父親們常因工作關係被外派，無法在家盯著小孩讀書，所以偶爾會出現一些所謂的「不良少年」或「幫派份子」。他們講義氣、比肌肉、耍勇鬥狠，但很少聽聞有流

血事件，他們後來有的去念軍校、有的開計程車，也有的當
了老闆。當然眷村中也有很會讀書的孩子，考上了建中、臺
大，有點兩極並存的現象。

▌雨農山莊的認同與改建變遷 [15]

　　因應房舍的老舊跟居住的需求，忠勇新村經歷過兩次改
建才成為今天的「雨農山莊」。第一次改建是眷村住戶在報
請國防部核准後，原地自費改建成水泥磚結構，大多翻成二
層或三層的樓房，但有的只重修一樓，僅求防颱補漏。

　　第二次改建則是眷村改建國宅的工程，應該是國防部與
國宅處共同籌劃的大工程，聽父母說當年每戶需要自己負擔
百餘萬元的費用。改建需要經過大家同意，還要召開會議，
改建期間我們必需離開眷村到外面租屋一段時間，國防部每
個月會發一些租屋津貼，就這樣離開了眷村六年。

　　經過了兩次改建後的雨農山莊，雖然有著彼此共同的記
憶與連結，然而上一代的人已陸續凋零，再加上大樓社區不
比平房容易聯繫，鄰居間的連結已不如從前。雖然如此，社
區仍時常舉辦團康活動，這一、兩年來開始有老人長照活動
的進入，也讓大家漸漸從家中走出來，再度與鄰居們交流。
也許過去的生活方式已無法再找回，人與人的連結也不比從
前深，但我們對眷村的記憶是共通的，未來對雨農山莊也仍
然是深感認同的。

---

15 眷村改建相關法規立法後，忠勇新村和雨後新村住戶於民國 89
　年元旦遷出，進行改建，至民國 94 年 9 月，住戶陸續遷入新屋。
　新建公寓共有五棟，規模宏偉，為紀念第一屆情報局局長戴笠
　（字雨農）將軍，命名為「雨農山莊」。資料來源：國軍退除
　役官兵輔導委員會官網。網址：https://epaper.vac.gov.tw/zh-tw/
　C/2309%7C5/29120/1/Publish.htm。最後檢視日期：2019/9/17。

▌本省人與外省人族群的消融

　　歷經七十年的族群融合，臺灣社會透過教育與通婚，省籍對立已不再是大問題。在我小時候，閩南族群和外省族群之間確實存在明顯的隔閡，因為眷村是以外省人為主的聚落，除了少數本省籍的媽媽外，大多是來自大陸各省的新住民，但眷村封閉的環境，在當時的確給予眷村子弟安全感與歸屬感。

　　記得小時候，我和哥哥會一起走路上學，當年忠勇新村的小孩是就讀雨聲小學，而本省小孩則是念福林國小。這兩所國小距離很近，上、下學途中難免會看到彼此的學生。某些本省小孩是農家子弟，放學後需要幫忙種田，因此會打著赤腳到處走；但雨聲小學則規定外出要穿制服、鞋子，相對整齊的服裝儀容，難免讓自己覺得優越，偶爾遇見時還會互相嗆聲。

　　這種隔閡到國中時漸漸減少，因為眷村的小孩多是就讀士林初中跟至善國中，公立學校不分本省、外省，因此增加許多與本省人接觸的機會，漸漸的我們能了解彼此的想法，也結交不少本省籍的朋友，甚至學會講幾句臺灣話。上了高中以後，本省與外省的隔閡更形消失，我們走出眷村的生活圈，知道天外有天。此外，外省人漸漸與本省融合，像我大嫂、小嫂都是本省籍，哥哥們的臺語還講得不錯，並不存在省籍衝突的問題。幾十年下來，我們親眼看到眷村文化的轉變，族群的概念也逐漸模糊、逐漸融合，我也更加認同這塊讓我們平安出生、成長的土地。

　　隨著臺灣社會更加開放，眷村的封閉性被打破，而且長久下來，村子裡的人早已認定臺灣就是家鄉：父親出生在海南，但選擇葬在新北市；母親愛聽廣東音樂，但也迷著楊麗花的歌仔戲。落地生根，我們的根早就深扎在這塊土地上。

二、無私奉獻，頂燃到底

——賴添珍

二、無私奉獻，頂燃到底 —— 賴添珍

▌逃離紛擾：從福建永定到香港

　　我叫賴添珍，民國 15 年（西元 1926 年）農曆 7 月 18 日在福建永定出生，眷村裡的每個人都叫我熊媽媽。小時候家鄉很少有學校可以讀書，但我爸爸還是堅持送我去上小學。還記得學校裡有一百多個學生，就只有我一個女生，第一天去上學的時候，大家都跑出來看我，覺得很稀奇，可沒有一個人敢跟我講話，因為跟我講話會被老師打。

　　到我十四歲時，村子裡又是抓兵、又是土匪作亂，爸爸覺得局勢太亂，整天打打殺殺的，於是就帶著全家走路去香港，說是要帶我去讀書。我和爸、媽、爺爺一路走到香港，定居在上水。[1] 結果爸爸跟我說：「妳先學會講廣東話，才讓妳去念書。」爺爺為了家裡的生計，用身上所有的錢買了兩大塊地，教我種菜，也教我賣東西、做衣服，因此我就一邊學做生意，一邊學廣東話。我製作衣服很厲害，只要拿布來，我就做得出成品給你，我記得女生的衣服做一套是兩塊五；男生一套則是三塊五。

　　在香港的生活本來算是穩定，但在民國 30 年（西元 1941 年），日本政府派軍機轟炸香港，很多人被炸死，滿地都是屍體，很可怕！後來香港變成日本人的，我也開始學日文。[2] 日本統治期間，生活過得很辛苦，有一次，我親眼看見日本軍人強姦婦女，當時我躲在一間房子裡，臉抹得黑黑的才沒被發現，逃過一劫。

1　上水，位於香港新界北區西部，是香港最北面的主要市鎮。
2　受訪者在此指的是西元 1941 年到西元 1945 年，日本入侵且佔領香港，是香港歷史上指稱的「日佔時期」。

一輩子的承諾：我與先生相遇

　　我的先生是熊煥光，他也是過得極辛苦，三歲就沒了爸爸，由大伯栽培他讀到高中，高中畢業後，他就當了老師。當年時局很不穩，同校的老師和校長都跑去加入國民黨，我先生也想跟著去。後來學校裡的老師向軍方高層推薦：「熊煥光很聰明，是我們同鄉，可以調他來我們軍隊裡面。」因此，他就從軍去了。有一年，日本政府派軍機轟炸韶關，³許多老百姓被炸死、軍營也被炸毀，他就從汕頭逃到香港。剛逃到香港的時候，身上穿的是破爛衣服和褲子，也沒錢吃飯，他就到街上尋看看是否有同鄉的人，可以提供他一點食物、衣服，或是一點錢過日子，因緣際會找到我們家，跟我爸爸、叔叔借錢，所以我們就這樣認識了。

　　之後，有情報人員接觸他，他便開始在香港做地下工作。因為我先生在香港沒有親人，所以都會來找我舅舅聊天，⁴舅舅知道他的工作很危險，就提醒他：「你沒有家，又沒有兒子、女兒，如果在香港被抓，會被打個半死，回大陸被抓也是被槍斃，到時候沒有人來認你的屍。」⁵他覺得很害怕，因

3　這裡指的是西元 1941 年，日本政府派軍機轟炸韶關市區。

4　受訪者表示，當時父親的家族與母親的家族皆一起離開福建永定，搬到香港的上水居住，所以她的丈夫與兩家族的人都相當熟識。

5　受訪者的女兒熊美瓊表示，當時她的父親其實在家鄉已結婚，並育有一子二女，兒子早夭，妻子也很早就過世了。從軍加上局勢動盪，父親與原本的家庭斷了聯繫，所以便稱自己尚未結婚，希望賴添珍女士與其家族可以同意這門親事，但是在父親心中，對於沒能留在家鄉照顧兩個女兒，且她們也因為自己加入國民黨一事，無法留在福建永定過安穩的生活，感到非常虧欠。在兩岸對峙期間，父親僅能不斷透過朋友寄信或寄錢到對岸，但一直到逝世前，都未能見上兩個女兒一面，這也成為父親一輩子最大的傷痛。直到西元 1989 年，熊美瓊與同父異母的

此天天來找我舅舅，希望可以跟我結婚。我看了他的相片後，就說：「我不要，他那麼老，又那麼胖！」而且當時有很多有錢的大少爺在追我，他又胖又老，誰會喜歡他！但是他沒有放棄，託舅舅告訴我：「妳嫁給我，從現在到老，都不用省吃、省穿。」意思是他寧願餓自己，也不會讓我餓到。聽了這句話，我答應跟他結婚了，當年我二十七歲，婚禮當天我穿著旗袍，儀式結束後，就跟先生住在香港的旅館，那晚我一直哭，一直哭，因為我對這個人還不是這麼了解。結婚之後，我們還是住香港，我們有個兒子於民國 43 年香港出生。政府之後又派他到澳門去做地下工作，長達三年時間，所以我們有一個在澳門出生 44 年次的兒子與 46 年次的女兒。

後來因上水的家中發生火災，房子被燒掉了，因此我妹妹也搬到澳門跟我們一起住。我先生以前在香港做地下工作時，也常請妹妹幫忙投遞機密信函，她那時年紀小，才 17 歲，不知道信件的用途、到了臺灣後，才知道真相。民國 46 年（西元 1957 年），妹妹就讀高中三年級時，政府覺得讓情報人員留在澳門太危險，就將我先生調回臺灣，我們全家就跟著來到臺灣。

▌為母則強：獨自撐起一個家

民國 46 年（西元 1957 年），全家從澳門搭船到香港，再從香港搭船到臺灣的基隆港，先到中壢住了三個月。當年

長姊首次在深圳見面，算是一圓父親一生的遺憾，雙方在會面後也保持密切的聯繫。多年後，長姊也趁著跟旅行團遊歷臺灣的空檔，前往善導寺祭拜父親，為今生無緣的父女情，畫下一個句點。對於父親在長姊與二姊的生命中缺席，她們沒有過多的埋怨，動盪的局勢、時代的變遷，並非小人物們可以改變與撼動，她們能做的就僅是在時代的洪流中，努力地生存下來。

情報局派人來問話，[6]核實身分後，將我先生調到臺北，全家又從中壢搬到臺北。當時還沒有眷村可住，先住在芝山岩，整個芝山岩都是老百姓用木頭製造的房子，屋裡還有一大堆老鼠。那時先生的薪水極少，每個月要拿兩、三百塊錢出來租房子，加上三個小孩的教養費，以及我妹妹也一起住。她當時在臺灣讀女師專，一家六口人吃飯，日子過得很辛苦。[7]民國48年（西元1959年），我第四個小孩出生，正逢忠勇新村建好，我們就配到比較大的房子，記得當時的地址是忠勇新村43號，對面是姓宋、隔壁是姓馮。過了兩年，我最小的兒子出生後，日子就過得更辛苦了。

自民國46年（西元1957年）搬到臺灣至民國58年（西元1969年）我先生退休，他不斷往返臺灣與香港做情報工作，我獨自一個人帶五個小孩。當時眷村房子裡都沒有廁所，要上廁所都得到村子裡的公廁，所以我屋內有放一個痰盂桶讓孩子們上廁所，但因家中有五個孩子，每次剛將排泄物倒掉，馬上又聽到：「媽，我又尿了！」、「媽，我又大便了！」真的很累。

民國58年（西元1969年）先生辦理退休時，情報局的長官跟他說：「如果你到香港去再做一年，回來就給你升上校。」原本先生退休前，有申請升上校，但一直到辦理退伍時，公文都還沒下來。我跟他說：「你不要去了，中校升上校才多二十塊，還要拿命來搏！」而且我們有五個小孩，如

6　受訪者的兒女表示，曾聽過母親說起當時剛到臺灣時，父親因為長期從事情報工作，身分證上的名字改來改去，所以曾被懷疑是匪諜，接受情報局的審訊，待證明身分後，才調回情報局繼續為國家效力。

7　女師專，全名為「臺北女子師範專科學校」，於民國94年更名為「臺北市立教育大學」。

果他出了什麼事，這些小孩就都是我的責任！我不讓他去，所以我先生是中校退休。退休後，因爲身體不好，也沒做其他工作。民國 68 年（西元 1979 年）因病過世，火化之後，我將他的骨灰放在善導寺後，也幫自己買了一個位子。

▋蔣夫人的重託：我當婦聯會工作隊長的日子 [8]

　　蔣夫人來過我們眷村三次，每當蔣夫人到眷村探視，大家都穿著旗袍，打扮得漂漂亮亮地在村子口迎接。她一到，每個太太都圍著她，訴說生活過得很辛苦。第一次探訪時，蔣夫人回應說：「沒有關係，妳們很快就有飯吃了。」一開始，眷村的配給品主要是麵粉，眷村太太們都很會利用麵粉做料理，像是麵包、麵條、麵疙瘩、蔥油餅、包子等，但在蔣夫人第一次探視後沒多久，米就開始配給了。有大口、中口、小口之分，[9] 依照家中每個人的年紀領取配給品。

　　原本興建的眷村房子太小，蔣夫人幫我們募款改建房子，公家出一半，自己出一半。蔣夫人在房子第一次改建後，又來過眷村一次。我們眷村原是前村長周仁和的太太擔任婦

8　婦聯會是蔣宋美齡於民國 39 年 4 月 17 日成立的，目的是號召全國婦女團結力量，敬軍、愛軍、勞軍，全力做政府的後盾。婦聯會成立縫衣工場，爲軍人縫製 1,000 多萬件軍衣、被服和帽子，經常慰問住院的傷患官兵，並組團赴前線慰勞駐軍，超過 1,600 多次。同時爲了安定軍心，解決其居住問題，發起興建軍宅，前後 18 期，蓋了 53,026 戶。又爲軍眷開辦多種技藝研習班，加強其謀生技能，藉此提升婦女地位。資料來源：婦聯會網站。網址：http://www.nwl.org.tw/info.html。最後檢視日期：2019/10/13。

9　根據《臺灣省公教員工生活必需品配給辦法》第十六條規定：「實物配量除員工本人外，其親屬配量以大口、中口、小口區分之。十一歲以上爲大口，六歲至十歲爲中口，五歲以下爲小口」，本條文已於民國 87 年 10 月 9 日廢止。

工隊隊長，但她擔任婦工隊隊長兩年多，又跑到情報局上班，覺得事情太多、太忙了，就辭去婦工隊隊長職務了。

忠勇新村的婦聯會辦公室（賴添珍提供）

　　蔣夫人與後來的村長許濟民都希望我能接下婦工隊隊長的職務，蔣夫人來到我面前，對我說：「我就選妳當隊長。」我說：「蔣夫人，謝謝，我沒有能力，我不可以當隊長。」她回覆：「我看中妳，妳可以做。」當時大家都很窮，穿的衣服也不好，許多軍人的太太甚至連自己名字都不會寫；我是因為在香港時，就開始學做生意，所以會寫字。蔣夫人拉著我的手說：「妳一定要做。」我回答她：「我不行，我五個小孩。」她又問：「妳五個小孩幾歲了？」我一一告訴她小孩的年紀，她聽完說：「可以啊！每個人都可以自己去上學了！」但我五點鐘要起來準備早餐，煮完後先生還要去上班，我又婉拒她：「夫人對不起，我真的不會做，我太忙了。」蔣夫人就說：「工作做好，妳就不會忙了。妳習慣之後，會越弄越好的。」

各婦女隊長報告工作事項（賴添珍提供）

忠勇新村門口前合影（賴添珍提供）

　　許村長也一直拉著我的手說：「熊太太，妳就答應。夫
人對妳那麼好，妳就接下來。」他又講：「夫人對我們眷村
的人，沒有一個像對妳這麼好，因為很多人的老婆都山地來
的，我們大陸來的，也沒多少人會讀書，很多都不識字。」
蔣夫人又說：「我看中妳。」於是，我接下了這個工作，一
做就是二十七年，真是累死了。

在家庭即工廠的年代，軍情局會派吉普車載我去小型工廠裡拿貨，當時吉普車可不能隨便坐，要大官才可以坐。我是負責拿手工藝回來，分給眷村裡的太太們，軍人的薪水很少，為了要貼補家用，大家都搶著來拿貨回去做。我做過很多產品，像承德路從前有個叫「正華」的工廠，是做填充娃娃的。除此之外，我還做過雨傘、摺紙、熨斗（のし）等東西。[10] 如果做出來的成品品質不好，我還要負責聯繫，請交回來的那一個媽媽到家裡修改，或者我全家都要幫忙，一起趕工修改。雖然辛苦，不過眷村裡的每個太太都很高興，因為生活改善了，日子就越來越好了。

那時除了做手工藝，每個禮拜四早上八點整，都有交通車停在雨農市場前，載我們這附近四個村子的軍眷到婦聯會車縫衣服。[11] 軍隊沒有錢買阿兵哥的衣服、褲子，只能請我們去幫忙製作，這是沒有薪資的，純粹幫忙。到婦聯會後，我們要在一張紙上簽名，眷村裡有些媽媽不認識字，我都會幫他們代簽。簽完名後，就去拿布，開始車縫給阿兵哥的衣服和褲子，一直做到十一點下班。半小時後，大家再一起坐交通車回到原上車處，回到家差不多十二點，就可以做中餐給孩子吃，每個禮拜都固定是這樣。但也不是每個眷村的婦女都會到婦聯會工廠幫忙車衣服，有些軍人的太太天天就在家裡打牌，因她們會透過提供打牌的場所抽成，貼補家用。

眷村裡的熊神醫

---

10 熨斗（のし），音為 noshi。「熨斗」由「熨斗鮑」延伸而來，原本是將鮑魚肉削薄、曬乾壓扁製成的物品，用來表示吉祥、長壽之意。後來「熨斗鮑」漸漸演變成用折紙的方式來替代，附在贈答物上，有求吉祥之意。

11 受訪者指的是雨後新村、忠勇新村、懷仁新村，以及懷德新村。

以前醫院、診所還沒那麼多時，我們眷村只要有小孩扭傷或跌傷，都是我用祖傳跌打損傷的藥幫孩子們治療。我會這些，都是爸爸教我的，我爸爸很厲害，他沒有讀過醫科，全是自己看書、學抓藥。

　　我跟先生搬到臺灣來，我爸爸、媽媽還留在香港。民國56年（西元1967年），爸爸寫信給我：「媽媽生重病，請到香港來一趟。」我就趕回香港照顧媽媽，那時爸爸就叫我直接留在香港半年，我跟他說：「不行啦，我有五個孩子，怎麼可以住在這邊半年！」爸爸跟我說，我家裡孩子多，先生薪水又少，錢一定不夠用，他讓我留香港半年，他親自教我中醫、西醫、打針、抓藥。我說：「不行！我又沒有讀醫科，如果醫死人怎麼辦？而且臺灣會抓，被抓到怎麼辦？」他說：「妳不要怕，我有認識一個人，可以帶妳去考試，馬上就可以領證書。」我後來只在香港待一個月，要回臺灣時，爸爸拿了很多瓶子，裡面裝了不同的藥粉，我說：「海關會罵死我的！」他回說：「不會，我給妳寫張紙條：『海關先生，這個是我臺灣來的女兒，請給她過關。瓶子裡裝的是各種不同的藥。』」結果，真的給我帶回來了。

　　從香港回來後，還有一個禮拜就過年，那時鄰居羅家的小孩，趁媽媽不在家，在家中跑來跑去、跳來跳去，結果姐姐羅啓蘭把弟弟羅啓智的腳踩脫臼了，[12] 羅太太就來找我，請我幫她兒子醫治。我說：「我不會啊！」羅太太回說：「拜託啦！你們香港來的，一定都會！你們有什麼紅花油、鐵打藥，一定有辦法的。」我只好幫她兒子敷藥，然後幫他將骨頭喬正，醫治好後，爲了感謝我，羅啓智還認我當乾媽。

12　關於羅啓蘭的故事，請參閱本書「往日情懷的鹹、酸、甜——羅啓蘭」篇章。

我把羅啓智的腳醫好後，大家都開始來找我看病，透過一個又一個互相介紹，越來越多病人。有天先生跟我說：「給我三塊錢。」我問他：「給你三塊錢幹嘛？」他答：「我去買香蕉啊！」三塊錢那時候可以買香蕉，我說：「你吃什麼香蕉？」他就說：「妳生意那麼好，我如果吃香蕉，把香蕉皮丟個滿地都是，人家踩到了摔跤，妳就有很多收入。」他這樣說，真是笑死我了。

　　我沒有收很多診療費，心想就是能幫忙就幫忙，村子裡小孩子打球、跳房子摔倒，受傷了就來找我，不敢打電話回家跟自己媽媽說，還都叫我打電話！我這一輩子沒做過一點點壞事，人家要我幫忙，只要能力所及，我一定幫人家。我除了做手工藝，也幫人家看病，賺了一點錢，養大我的兒女，妳看我一輩子多辛苦。

三、拓荒時代的見證者

——張古筱雲

三、拓荒時代的見證者——張古筱雲

▍飄洋渡海驚險到臺灣

臺灣光復於民國 34 年（西元 1945 年）10 月，11 月父親便跟著接收團，是第一批到達臺灣的。七歲的我，隔年才隨媽媽到臺灣。那年代沒有大船，我們坐的是木殼船，從汕頭到臺灣就碰上五個颱風，真的很驚險！當時有五條船同時開，結果只有三條船到岸，另外兩條中途就消失了。記得隔壁船上有個像我這麼大的小女孩，幾天前看到她還打扮得漂漂亮亮，過幾天早上起來就沒了。

當年家父是屏東縣黨部的書記長，因此我在屏東待到初中一年級，小學是念屏東中正國小，是臺灣光復後第一屆的小學生。當年也考上屏東女中，但因全家搬到臺北而放棄，在臺北一待又是幾十年。父親到臺北後，就進入臺灣省社會處，之後又轉任臺北育幼院的社會科主任，我們自此就定居在北投了。

在臺北時，我就讀市女中，即金華女中前身，學校當時和東門國小合併，因此校區挺大的。畢業後，我到彰化商職讀書，我家雖是公務員體系出生，但生活還是很清苦，弟弟、妹妹們後來都念私立學校，所以我只好休學回到臺北。本來要插班育英中學，後來發覺學費太貴我就不考了，之後則進入臺北育幼院的幼兒部教導小朋友。

我十八歲開始在臺北育幼院教書，一個月僅二百四十塊錢，外加四十斤的米。因薪資過少，對家裡的經濟幫助並不多，所以又報考了位於崁仔腳的中紡幼稚園。[1] 在這裡教了兩

1　崁仔腳為現在的內壢。

年書後，重回臺北才認識我先生，結婚後我們住在面對忠勇新村的忠勇街。

我們不住忠勇新村裡，但我婆婆卻是忠勇新村的催生者。婆婆告訴我，在317時與蔣夫人碰面，[2] 她向蔣夫人提起，目前的現役軍人與軍眷都散居在各處，大家都窮得沒房子可住，於是蔣夫人決定蓋眷村。忠勇新村是蔣夫人第一個用婦聯會募款蓋的眷村。

眷村時代大家很是團結，生活上也都相互照應，彼此之間感情深厚，孩子們也經常一群一群地玩在一起，放學後也會到我家裡玩。我曾經帶過一批忠勇棒球隊，他們還參加過比賽，而我們家是四兄弟，男孩子愛玩，剛好和棒球隊湊在一起。

從雨農路一直到復興橋，拐過來後一直走河堤邊，接著再走到雨農路，這一塊地區，在日本人統治時期、老蔣他們來之前，本是莊園，整塊地都是臺大農學院的實驗田。我們剛到的時候，附近有許多稻田和荸薺，我媽有時會去採荸薺。另外也有藕田，但採蓮藕有些危險，因為有可能陷進爛泥裡。現在這些景象都不見了，整體市容各方面的進步，真是當年無法想像的。

我家門口就是芺市場，從福林路一直進來擺攤至我家門口。現在那些店鋪，只剩一間「雞當家」，它本是賣雞肉的攤位，後來變成一家餐廳。[3] 當時忠勇街一走進來，第一家是理髮店，第二家是賣麵的，第三家是賣水果的，現在路口賣酒的那家以前則是姓李的雜貨舖。進忠勇街後，右手邊第一家是姓王的理髮店；再隔壁一家是姓陳的水果攤；接著是那

2　受訪者所說的317，指的是情報局紀念戴笠的日子。

3　這家餐廳在西元2018年關門，目前為雞肉專賣店。

時姓李的雞肉攤，旁邊賣早點的，從前是水電行，老闆姓勒。

昔年並無所謂的「雨農橋」，橫跨雙溪河只是一座木造
的便橋（溫德生提供）

　　當年的雨農橋還只是座小橋，雨農橋的橋頭正好有棵大
樹，在橋頭有兩家賣麵包的，一間叫安美行、另一間是信宏
麵包店。這兩家的孩子很要好，小孩子夏天就喜歡游泳、戲
水，便相邀到橋底下游泳，結果兩個孩子都沒了，實在是太
危險了，後來才改建成如今這座大橋，現在橋的寬度差不多
增加了一倍。

西元 1960 年代建造第一座水泥橋，且透過築堤治水，水患不再（溫德生提供）

西元 1981 年才改建為現今的雨農橋（溫德生提供）

　　以前士林官邸附近很平靜，因官邸周圍，幾個鐘頭就一個班來巡邏。有一個禮拜天，我先生幹校的同學從禮拜六來家裡打牌，直到禮拜一早上才離開。因他們打麻將時，門是敞開著的，我不小心沒關上，結果警員悄悄地進來喊：「老

師，妳能不能把門關起來。」那年代打麻將是違法的，他們認為是賭博，可也是唯一的娛樂消遣。

與小孩子為伍：從無到有的幼稚園

　　情報局當時有個托兒所，也有專屬幼稚園，我結婚前在那裡教了一陣子書。婚後我們住在忠勇街上，生了孩子，那時因為自己的孩子還小，加上情報局眷村和官邸附近並無其他托兒所，為方便照顧自己孩子，我盤算著將其他小孩拉到家裡一起教，因此就決定開辦托兒所及幼稚園。全盛時期學生最多有五、六十個，我的學生中，情報局倒少，官邸的比較多，一方面距離近，另一方面官邸附近沒有幼稚園。我這裡有盪鞦韆，又有轉鐵球的遊樂設施，小朋友都喜歡來玩。有些家長接送孩子不方便，我們就將三輪車當成娃娃車一一接送。有的孩子很早到，就在我這吃早餐；有時父母親加班，孩子晚上就在我這裡吃晚餐，再等媽媽來接回去。有吃早餐、中餐的，偶而還有吃晚餐的，其實那年代眷村的大家感情很緊密，都像自己家人一樣相互照應。

　　當時托兒所前有塊地，我公婆把這塊地買下來，希望能夠將土地整修好，成為一間外圍較完整的校區。買下後，幼稚園取名「宜家」，之所以叫宜家，是因為廣東話裡的宜家，又可叫做「二家」，我婆婆排行老二，所以就用她的名字命名。

小心！匪諜就在你身邊：情報局中的公公

　　我的公公是情報局前局長張炎元，[4] 他極少談到情報局的

4　張炎元（1904 年－ 2005 年）字炳華，廣東省梅縣人，中華民國陸軍中將，黃埔軍校第二期工兵科畢業，後廬山中央軍官訓

事，不過我曾聽他提起，很多邵氏電影公司的演員到臺灣，都居住在天母圓環附近我公公家，演員們因拍片關係跟大陸有往來，住在一起方便監視演員的行動。畢竟當年還是「注意！匪諜就在你身邊」的年代。公公擔任局長四年後卸任，就調到國民黨中央黨部第二組，第二組是管理海外業務的，最後在中央黨部退休。

我聽說他們以前有情幹班（幹訓班），訓練年紀輕的成員，受訓以後為改善家中環境就答應外派。據我所知，早期許多派往對岸的都沒有回來，那時真是拿命去換來的生活，很多人明知去送死，但即便知道還是做了這個選擇，目的也是希望讓家人的生活過得好一點。

早年 317 時固定會到情報局參加活動，我家那時至少就要開兩桌吃飯，家裡每年到這時期都有很多川流不息的客人，我們就必須不停的打掃、整理，以及燒菜。家裡來什麼客人都由我婆婆打理，她很會做菜。婆婆還帶著婚前就跟在她身邊的老媽子，這位老太太也是非常會做菜。聽聞她十八歲有回鄉結婚，之後不幸福就選擇離開，從此跟著婆婆，即使軍隊撤退到後方，她都一直跟在身邊。我所熟悉的廣東大家庭或大家族，身邊好像都會有自家習慣的廚子一路跟著。

公公當年下台的原因，是和葉翔之有誤會，[5] 那時候鬥爭得很厲害。陳大慶是當時的臺灣省主席，[6] 他有天就到家裡跟

練團將官班、陸軍大學將官班甲級第二期畢業。1949 年後，先去香港再到臺灣。1956 年至 1960 年曾經任國防部情報局局長。

5　葉翔之（1912 年－2001 年），化名陸重光、葉光華，生於浙江省餘杭縣（今已併入杭州市），前中華民國軍統局少將處長、國防部情報局局長，中國國民黨第九、十屆中央委員。為情報界重要人物，蔣經國得力助手之一。

6　陳大慶（1904 年－1973 年），中華民國陸軍一級上將，曾任

我公公說：「三哥，你爲什麼不去小先生那邊講清楚？」我公公說：「反正我又沒有做這些事，講了不是越描越黑嗎？」具體發生什麼事，我記不清楚了，反正對公公很不利就是了。

▌當記者的老公：仍與情報局脫離不了關係

我先生張春發，我們都是廣東梅縣人，一個上村，一個下村。我跟他結婚是因爸爸跟他的姑丈是好朋友，於是介紹我們認識，當時爸爸看中意這位女婿，我也就聽從父命了。我們於民國 48 年（西元 1959 年）結婚，先生在十四歲時就從軍去了，趕上了「十萬青年十萬軍」；直到抗日結束後，他才到重慶南京政府工作。老蔣撤退時，他就跟著軍隊一起來臺灣，他跟公公是不同時間到臺灣的，一開始根本不知道對方在哪裡，以爲從此天人永隔，分散後也無從找起。生活漸漸安定後，才慢慢相互尋找，最後終於找到，算是非常幸運的。

到臺灣後，我先生就待在軍中。他先到鳳山，接著考政工幹校，他是第一期新聞系畢業的，之後就一直擔任記者。他在報社主要是跑國家要聞與行政院有關的重要政治新聞，起初是到復興電台的廣播部當記者，復興廣播電台是專門對

國防部長。1904 年生於江西崇義。黃埔軍官學校第一期畢業。自國民黨東征、國民黨北伐、抗日戰爭、國共內戰等，由排、連、營長，積功升團、旅長。抗戰勝利後，任第一綏靖區副司令官。翌年，調南京衛戍副司令官，1948 年調衢州綏署副主任，後調京滬杭警備副總司令、兼淞滬警備司令。中華民國政府退守臺灣後，陳調至中樞服務。1954 年出任國家安全局副局長，繼掌國家安全局，1960 年晉任陸軍二級上將。1962 年 11 月，調任臺灣省警備總部總司令、兼軍管區司令。於 1967 年任中華民國陸軍總司令，嗣膺任臺灣省政府主席、中華民國國防部長。

敵後的。[7] 那時復興廣播電台，要經過一座吊橋，位於現在大南路跟基河路交會處。廣播部在中華路，現在的西本願寺附近。[8] 退休後，才到民間辦的報社，先是臺灣日報，再到民眾日報，說穿了這些單位還都跟情報局有關。

我先生六十六歲就走了，已經走了二十幾年。他菸抽太多，醫生也搞不清楚是不是肺癌，X 光片只看到一個框子，很多支氣管幾乎都沒有肉，醫生終究也說不出個所以然。我們有四個兒子，現在只剩兩個，老大今年應是五十八歲，老二是五十七歲，他們一個年頭，一個年尾。老三在大葉大學當副教授，最小的兒子小腦萎縮，根本無法平衡，自己沒辦法走路，必須坐輪椅。而那兩個大的都因病走了五、六年。

7　復興廣播電臺是一家隸屬於中華民國國防部政治作戰局政治作戰總隊的國營廣播電臺，簡稱復興電臺、FHBS。

8　西本願寺位於中華路一段 174 號。

四、內柔外剛的紅玫瑰

——范錦玉

四、內柔外剛的紅玫瑰——范錦玉

▌千里跋涉為尋夫：關於我堅忍的母親

　　我叫范錦玉，民國 32 年（西元 1943 年）出生於四川重慶，但祖籍在湖北省沔陽縣，父母都在沔陽縣的鄉下長大。[1]他們是因親戚介紹認識的，當時男方很滿意我媽媽，於是就先訂婚。訂婚後，因為雙方住家距離不遠，上學的路又相同，平時就一同上、下學，藉由近把小時的路程談戀愛，也利用上課、下課的課餘時間聊天談心。民國 26 年（西元 1937 年），我老爸就讀黃埔軍校運輸科二年級時，家長們趁他休假回家，讓兩人結婚，年底我姊姊就出生了，但之後我爸就很少回家，一畢業就分派到陸軍部隊，常駐四川。後來，我爸不曉得何時認識了一個女孩子並跟她交往，就寫信告訴我媽媽說：「部隊要調走了，因為長官沒告訴我們，也不清楚會調到哪，怕以後不容易聯絡。」那年是民國 31 年（西元 1942年），對日戰爭還在打，局勢有點亂。我媽將信的內容給我爺爺看，爺爺看完就拿一些錢，讓我媽帶著十多歲的小姑、小叔，還有我姊姊一起去找我爸。

　　我媽帶著兩個小姑、一個小叔和我姊姊，總共四個小孩，從湖北一直慢慢坐火車，因不熟悉路線，她只能拿著部隊的地址東問西問，結果走了個把月才到四川。途中，小叔得了瘧疾，看病又看不好，他只好放棄治療。他說：「把錢留起來給她們用，我不要看了。」結果小叔就這樣走掉了。還有一個小姑也不知道感染什麼病，嘴巴發爛，根本無法吃東西，也慢慢餓死了。媽媽只能帶著剩下的一位小姑跟我姊姊繼續

1　沔陽縣現改名為仙桃縣。

前進，最後終於在四川找到我爸爸。那時我姊姊已經五歲，但一歲多就沒見過爸爸，當時也不知道爸爸看到她們是高興？還是驚訝？

媽媽到四川後，我爸就跟那位女孩子說：「我太太跟小孩都來了，實在對不起。」那女孩一氣之下，跑到美國學聲樂。我媽則跟我爸繼續在一起，我讀高中時，那女孩子已變成很有名的聲樂家，還來臺灣開個人演唱會。我媽在報紙上看到，就叫我爸去聽，我爸回說：「不用啦！幾十年，說不定早就忘記我了。」所以他沒去。

▌從四川到空軍眷村：關於我的童年記憶

找到父親後，我們住在部隊旁的小房子，我和兩個弟弟就是這時期出生的，另有兩個弟弟則是在臺灣生的，家裡總共有六個兄弟姊妹。

過了幾年，部隊陸續被調到湖南、貴州、廣州，最後調到海南島。到了後沒過多久，部隊就因為大陸戰亂嚴重，決定到臺灣。當時部隊的長官說：「還剩一班船，如果錯過，可能就去不了臺灣了。」那時大家也不了解臺灣是什麼地方，既然長官這麼講，就只能跟著他們走。當年我已經六歲，多少有一點點記憶，我看到很多人不斷往船上擠，有的人還掉到海裡。我爸媽因為很愛自己的小孩，把我們四個都照顧得很好，他們一人帶兩個，把四個小孩安全地帶到船上。我不清楚從海南島到高雄，到底花了多久時間，只記得是民國38年（西元 1949 年）底來臺灣的。

到高雄後，我們跟著部隊下船，並先在高雄住一年，父親那時仍是陸軍，他運氣不錯，因為有黃埔軍校運輸科的證書，很快被轉調到剛成立的臺南空軍機場汽車隊，管理軍隊

的汽車與司機。

　　我們住在臺南大同路的空軍眷村，鄰居幾乎都是外省人，另兩個弟弟是在這裡生的。媽媽剛生小弟時，臺南空軍醫院正好有免費結紮手術，且方法十分簡單。媽媽知道後，欣喜地與爸爸商量，但我爸想再生個女兒，兩個人就在醫院吵架，醫生還充當和事佬，並要求一定要爸爸同意他才會動手術。媽媽一直講好話勸說，好不容易爸爸才答應簽字。媽媽回家後就跟鄰居講：「現在空軍醫院有結紮手術，妳們不要煩惱了，不想生的先跟先生商量好，就可以去醫院結紮。」眷村裡有些人已經生六、七個小孩的，聽完後就跟著跑去結紮。

　　記得我爸爸分派的單位都蠻不錯的，一開始是汽車分隊，從隊長升到分隊長，後來又調往伙食團，擔任膳食分隊隊長。那些負責採買的阿兵哥，天還沒亮就會去買菜，開車回部隊前，經過我們家，就會把青菜、魚等食材送到家裡。爸爸是很規矩的人，都叫他們不要送，但他們辯說，這不是用公家錢買的，是人家生日送的，如果爸爸不要，他們還是得拿回家。結果，好多年都這樣，怎麼推都推不掉。之後，爸爸又調到飛行單位做參謀，退休時官拜中校。

　　我小學讀空軍子弟學校，裡面全是外省學生，那時公家對我們不錯，[2] 每天都派幾部大卡車接送我們。大卡車很高，而我們個子小，阿兵哥都會抱我們上車，等到五、六年級，個子比較高，個性比較野蠻一點的，就可以自己上車。以前放寒、暑假時，都會幫忙做些家庭小代工賺點錢貼補家用。有些眷村媽媽都會拿一堆堆的信封紙和火柴盒回來加工，我們會先把信封刮開，再用小刷子三面刷糨糊黏起來；火柴盒

2　此處「公家」指政府。

則是早期的木頭盒子款，要把它組合起來，做得越多，錢就賺得越多。

臺南有三個大的空軍眷村，大同路的大林新村，[3] 水交社眷村在現在的西門路一段，還有一個是二空眷村，在空軍機場對面。我們住在大林新村裡，旁邊便是空軍雷虎小組俱樂部。[4] 我們初中、高中時期常跑去雷虎俱樂部，他們會定期辦舞會，我是在那裡學會跳舞的。眷村裡跟我同年齡的人，有讀海軍官校、陸軍官校、空軍官校的，他們也會辦舞會，但我沒去。因為早期我沒什麼漂亮衣服穿，爸媽也不准我去學跳舞，所以都是偷偷摸摸去的。

▌成為 007 的道路：關於我在情報局的日子

我小學功課不是很好，為幫忙家裡做家事和代工，所以畢業後就讀臺南一中夜間部，高中也是在那念。[5] 民國 53 年（西元 1964 年）高中即將畢業時，我在報紙上看到國防部情報局在招考人員，受訓兩年半，畢業就是少尉，比政工幹校（西元 2006 年改為政戰學校）少兩年。我和鄰居同學就跑到高雄考試，結果考了備取。最後通知我可以報到時，我

3　大林新村已改建為大林新城。

4　空軍雷虎小組於民國 43 年（西元 1954 年）成立，幾位赴美受訓的軍官在看見美軍「雷鳥飛行特技小組」的表演後，決定排練飛行特技，於民國 43 年空軍節將成果呈現於國人面前。成果受國人及空軍總司令王叔銘上將肯定與支持，「中華民國空軍雷虎特技小組」便正式成立。資料來源：中華民國空軍官網。網址：https://air.mnd.gov.tw/TW/Unit/Activity_Detail.aspx?CID=20&ID=48。最後檢視日期：2019/10/3。

5　臺南一中當時設有初中、高中部，以及高中夜間部。資料來源：臺南一中官網。網址：http://w3.tnfsh.tn.edu.tw/history/main-02.asp。最後檢視日期：2019/10/3。

好高興，覺得自己像籠中的鳥飛出來一樣，終於自由了。準備著要到臺北七張報到，我媽知道後，趕著去買布，幫我做了一套衣服，雖然有親戚住在臺北，但我爸不放心，非要親自送我到臺北不可。

在情報局裡，前四個月是基本訓練，就跟當兵一樣，每天操練。訓練結束後，我們也只能關在宿舍，不能出來，而且男生頭髮要剔光頭，女生則需剪到耳朵。早上五點半起床，放《革命的青年》這首歌，只要是情報局畢業都會唱這首歌。六點鐘點名，點完名就去跑步。每天都穿著軍人的草綠色長袖、長褲，不管任何時節，每天就跟著男生一起操，有人因為太辛苦受不了，自己退學。在三軍官校就讀，若中途離開還要賠錢，但情報局不用。

受訓四個月後，就到年底了，等著過年放假，回家放幾天假，又高高興興地回來受訓。民國 54 年（西元 1965 年）的 4 月，還是 5 月，我們又集體受訓，除鍛鍊體力外，還要我們爬單槓訓練膽量，因為接著要去屏東的傘兵營練跳傘。需受訓兩個禮拜，第一個禮拜在大武營，教官教我們基本的跳傘姿勢，以防受傷。我記得從飛機跳下去時，自己數四秒鐘，傘就會自動張開，如果跳傘不通過就得退學，所以大家都很認真受訓。即使教官跟我們強調傘已確定檢查過，安全性百分百，還是有兩個學員不敢跳，中途就跑掉了。跳傘受訓完，又得到碧潭接受游泳訓練一至二個月。剛開始大家有點不好意思，那年代比較保守，我們也沒穿過泳衣，又跟男生一起訓練，只好用毛巾把自己包起來。教官看到就說，你們趕快學會，這也是很重要的項目，大家就放大膽地去學游泳、跳水。好不容易熬過這一段，接著要配合情報局不同項目、部門來分班。

跳傘照（范錦玉提供）　　　　范錦玉（左二）與軍中同袍（范錦玉
　　　　　　　　　　　　　　提供）

　　我們這一屆男生有八十九人，女生僅有十一人，操練中淘汰了十幾個。開始上課後，其中，關於情報的課程很多。我是念通信的，要訓練打字、偵蒐，以及密語。我那時被分到陽明山，芝山岩情報局是做業務的，算外勤單位，兩邊都分成一到八組。我們這邊一、二、三組是負責關於情報的，包含翻譯密碼、打字、公文、發報等。除了以上這些，還有許多普通學校沒有的課程，也必需通過考試，成績太差會被退學。我們學通信的比其他人早一年出來，上班後即負責聽飛機或航運訊號。

　　我們單位分布很廣，中壢、新店都有，但陽明山的人最多。中壢是總台，負責發報，而我們這邊是專門偵蒐。我負責航運，每艘船及飛機上都有報務員，負責跟地勤聯絡，例如現在飛到哪裡、高度多少等，對方發什麼，我就打什麼。打完後，就有人送到譯電股去譯電，譯完後就送到國安局。外面的單位，像調查局、情報局，還有兩廳、總統府，都需要我們的情報，會有特別送報的人開車送去。

▎與同為情報員的丈夫相遇、成家

　　民國 57 年（西元 1968 年），我與情報局的同事江棉光

結婚。我先生是從緬甸來的華僑，高中快畢業時來到臺灣。他家是祖父那一代從福建省永定縣移民過去。我先生在緬甸出生、成長，就讀當地的華僑學校，他會講中文、緬甸話、英文。緬甸雖然落後、貧窮一點，但他們從小學就開始學英文，教育比臺灣好。

范錦玉與江棉光的結婚照（范錦玉提供）

我先生沒能升到少校，於是負氣退休了，當時規定男生工作十年、女生四年就可以退休。我在陽明山上工作十二年，年資算資深的，其實早應該升少校了，但因為在山上沒法去受訓，所以一直沒有升。不過，我運氣還不錯，因為小孩的關係，就打報告上呈，說明想調到情報局裡，人事室一看我是通信的專業，就立刻將我調到譯電股，負責譯海外的電報，待了兩年多，我就升上少校了。

我們是在民國 60 年（西元 1971 年）底買下忠勇新村的房子，因為當時情報局從三重埔搬到陽明山。在三重時，大家都騎腳踏車上班，而我剛結婚，在附近租了房子，民國 60 年（西元 1971 年）情報局搬到陽明山，我才剛懷孕幾個月，只能每天坐車通勤上、下班，但紅綠燈多，又時常會塞車，折騰我好幾個月後，我決定在忠勇新村買房，然後民國 62

年（西元1973年）底就生了老二，並請眷村裡的保母幫忙帶。

賣方私下賣這間房子給我們，但對上級打報告說是頂讓。[6]這間一條龍的建築，我花了三萬塊，裡面什麼裝潢都沒有，只有一間小客廳、小臥室、飯廳，以及原屋主自己加蓋的廚房，沒有自家獨立的廁所，附近有公廁。忠勇新村是蔣宋美齡女士募款興建的，甲等的有一排六戶的，也有八戶的，丙等的每排十戶，全眷村有一百四十戶。[7]大門旁有六戶，有一間是辦公室，另外有兩小棟是公廁。

忠勇新村門口的辦公室前面的小巷過去，就是懷仁新村，後方則是老百姓的竹子園，我們社區有些人就跑去種菜，再往前面是仁鄰新城，當初是警備總部的眷村。

▍當我與政治犯相遇：仁愛教育實驗所的小故事

民國70年（西元1981年）2月13號，我從情報局退休後，當年我只有三十八歲，正好有一個學妹在土城清水坑的仁愛

6　所謂「頂讓」，意指從原分配戶手中，得到房屋所有權。雖然名義上屬於「轉讓」，但實際上原住戶都會收取幾萬至幾百萬的「轉讓費」。而根據民國91年發布之〈國軍在臺軍眷業務處理辦法〉（現已廢除），眷舍可在一定條件下轉讓，但軍情局人員因工作特殊性，局裡規定其所列管之眷舍不得隨意轉讓、出租。不過，根據本文受訪者及其他相關訪談書籍，發現芝山岩社區一帶的眷村，後期依舊發展出「頂讓使用權」的制度，顯為法規所不允許，而是眷村住戶私人的契約行為，可見軍方對於「列管」之眷村，事實上是採取「粗放式」的管理。
資料來源：孫建中主編。2007。《眷戀：憲兵與情報局眷村》。p. 269。臺北：國防部。范碩銘。2013。《芝山岩社區都市更新史與眷村故事》。p. 95。臺北：臺北市芝山岩社區發展協會。全國法規資料庫。網址：https://law.moj.gov.tw/LawClass/LawAll.aspx?pcode=F0140002。最後檢視日期：2019/9/28。
7　根據國軍退輔會的官方資料，忠勇新村一共有144戶。

教育實驗所工作，[8] 就介紹我去那裡工作。我在情報局時，曾考到乙等特考證，以及退伍令等資料，拿去警備總司令部，結果核准下來就成為正式的公務員。仁愛教育實驗所是專門關政治犯、竊盜犯的，都是警備總部抓去關的。我擔任了兩年多的訓導，當時呂秀蓮、陳菊都被關在這裡，跟她們相處了一年多，那時美麗島好多政治犯，像盧修一也是被關在這邊。

　　呂秀蓮跟陳菊都是單獨監禁的，她們自己種了很多花，每天澆花、掃地，有時候還會跟我們聊天。呂秀蓮在裡面寫文章，陳菊也有寫一些。呂秀蓮寫得相對比較有深度，有時她會把自己寫的短篇小說，拿給我們訓導看。她會說：「訓導妳看看我寫的小說如何？滿不滿意！未來出去後準備寫文章、寫小說。」她們每天寫日記，我就每天看，看完以後並批示。當然不能對她們太嚴苛，怕情緒起伏太大，因此都以溫和的方式回應。我當時還買了一些專門批示的用書，針對她們寫的內容，自己寫一點意見，再加上一些批示書的內容，讓她們感到開心。因為說實在的，失去自由，大門都不能出，只能被限制在小小房間裡，是很鬱悶、辛苦的。

　　她們是被允許探視的，每次有人來探視，我必須坐在旁邊記錄，再把交談內容交給上級。陳菊的弟弟來過一次，弟

8　仁愛教育實驗所最早稱之為臺灣省生產教育實驗所，又名生教所，1954 年設立於土城清水坑（舊址：土城鄉清水村 3 號，今新北市土城區仁愛路 23 號）。1974 年 8 月改名為「仁愛教育實驗所」（簡稱仁教所），又名仁愛莊。它是臺灣白色恐怖時期關押政治犯進行思想改造與勞動改造的監獄。仁愛莊曾關押呂秀蓮、張溫鷹、陳菊、陳婉真、盧修一、李敖、傅正、崔小萍、謝聰敏、魏廷朝、施明德、陳列等多位知名政治犯。1987 年解嚴後裁撤，原址改由臺北縣團管區司令部進駐，今改制為新北市後備指揮部。

弟對她說：「父母親身體不好，沒辦法來那麼遠，所以都沒有來看妳。」而呂秀蓮的姊姊，每個禮拜會去跟她聊天，講講家裡的事情。哥哥也來看過她好幾次，她曾鼓勵哥哥競選桃園市議員，但哥哥不要，說自己當律師已經很忙，沒有時間。

跟她們相處了一年，她們在裡面是很乖的，就是不能談美麗島。但有時看她們心情不錯，我就稍微提一下，我說：「其實美麗島沒有造成社會上很大的影響。」但她們會反駁，講她們的理由，而我們當訓導的負責照顧生活起居，不能與她們過度對立。每天跟她們生活在一起，當然希望她們心情愉快，說實在的，我們沒有失去自由，沒法感受她們失去自由的心情。

至於竊盜犯，我帶她們時，也是很聽話的。我對她們的管理方式，該嚴格管理時嚴厲，該放鬆時放鬆。她們每個禮拜天打掃完就自由活動，我就陪她們打桌球、唱唱歌，所以我在臺灣仁愛實驗所待了三年，覺得滿愉快的。

有一段時間正巧有職缺，我將先生介紹進來，兩個人在這裡同時待了一年。碰到兩人都要值班的時候，我們就請鄰居幫忙照顧小孩，讓孩子在鄰居家吃飯。但因值班時間過多，我先生就不願意在這上班，改開計程車。

我的工作性質要值班，也很疲累，休假時就幫小孩複習課業，那時候陪伴小孩複習功課也是很累。之後因值班時間真的太多，先生也常不煮飯，只給錢讓孩子自己亂吃，因此三年後我就辭職了。

▍退伍後的工作大體驗

辭職後，在家做完家事，小孩上學我就沒事了。於是，

開始看報紙找工作，先是騎摩托車去應徵社子那邊的傻瓜相機測試員。主要的工作是測閃光燈，每一台相機，只要一按燈，亮了是好的，燈不亮就放在一邊，測試後就用保護膜包起來裝箱。這份工作做了一年，每天爬四樓，下班後還要燒飯給孩子吃，身體有點受不了，就不做了。

之後，應徵了按件計酬，製作棉花棒的工作。棉花棒的棒子，兩頭都要用鑽的，把它鑽上去，再裝入盒內，盒子裝滿就封起來。這工作做了差不多半年，後來離職的原因，是工作時沒有靠背的圓凳子坐，八小時腰都挺在那，回家後腰都直不起來燒飯，只能叫苦連天。離職後，接著從事保險業，每週都要登報徵新業務員，登報紙的錢都是自己出的。另外，每個月還要交出一張三十萬保額的保單才有薪水。做了將近半年，覺得都是在騙年輕人上勾，違背自己的良心，就辭職了。

最後改做直銷，先是民國 73 年（西元 1984 年）左右在一間叫「永久」的直銷公司販售蜂皇漿。[9] 他們的蜂皇漿、蘆薈汁，都是養顏美容的產品。永久公司在南京東路上環亞百貨旁邊，我當年跑得好勤，一個禮拜去兩次，蜂皇漿蠻好喝的，業績還不錯。而且將蘆薈汁放冰箱裡，每天倒一小杯喝，非常不錯。又做了大約兩、三年的雙鶴靈芝直銷。自己也吃靈芝，可以增強免疫力，對身體有益，又可保持年輕。

後來好多鄰居在土地銀行旁邊的固力康工作，我們兩個眷村有好多位媽媽都去包糖，先用機器製作糖，做完後，再用手工包。我也去包了三個月，最後也是一樣的原因：圓圓的凳子，沒有靠背，每天回來腰都要斷掉了，況且那時身體

---

9 永久產品公司目前還在營業，專賣蘆薈飲品、蜜蜂系列補品和其他健康產品。

已不太舒服，就不做了。

　　民國 81 年（西元 1992 年）在報紙上看到景美女中應徵宿舍管理員，我把履歷表寄過去後，景美女中人事主任立刻打電話請我去面試。面試後，她講：「這個條件很好，而且軍人出身，膽子很大。」我心想：「宿舍管理員又不需要打架，幹嘛要膽子大？」沒想到是每晚十一點要上黑漆漆的頂樓巡視，我們有兩個人輪班，一人一天。每天隨時要接電話，家長打電話要接，接了要登記，登記後等學生下課要播音，請他們來並轉告家長打電話來提醒的事情；到了晚上自修課時還要去發信。十一點我們要上頂樓巡查，並且關門上鎖，早上另有值星官開鎖。鎖門前要仔細巡查，怕有學生壓力大，上頂樓做傻事。

　　上頂樓後，各處都要仔細查看，曾有學生躲進水塔和曬衣場後面的情況，像是四個角落、曬衣處、水塔內，只要是死角的地方都要檢查。有一次兩個女生躲在不知哪邊嘰嘰喳喳，我一聽，好像有聲音，就請教官看看到底是哪個學生，也請值星官一起去查看；結果兩個都不敢，躲在我後面。我就拉著教官，挽著她的手，死命的拉，拉到水塔後面，把兩個學生揪出來。揪出來後，兩個學生被處罰禮拜天禁足不准出去。

　　我只待三個半月就沒做了，每隔一天要上頂樓，而且睡得也不安穩，學校規定十一點睡覺，但也允許少部分看書的同學可以到一點，鐵門拉上拉下會吵到我們，迷迷糊糊中要睡著了，鐵門一拉，就又被吵醒了。當時因自己年紀也不小了，就決定不再工作。

五、無法兌現的承諾

——章慕安

五、無法兌現的承諾——章慕安

▍其實，能罵老蔣的是我們——關於來臺記憶

我在江蘇鎮江出生，父母是湖北人。民國 38 年（西元 1949 年）跟著父母、哥哥隨著部隊撤退到臺灣時，當時才二歲，很多事情是後來聽父母說的，不過我有印象是坐船從舟山群島到臺灣。據說在高雄鳳山下船，再坐大卡車到屏東，我們在屏東水底寮住了十幾年。爸爸是軍人，來臺前已是軍官等級，所以才能攜眷，不然平常百姓是無法攜眷來臺。一般規定只能帶兩個小孩來，但因為我公公階級非常高，就可以帶全家來。

我們屏東住的房子，是日本人留下來的，看起來像軍醫院區。當時我爸爸占了一間最好、最高級的房子，有點像所謂的院長宿舍。地板是磨石子地、有漂亮的前、後陽台。後來因為政府要收回，就改配臺南九六新村的房子給我們。[1] 結果一去看，我心想：「我的天啊，房子怎麼如此破爛！」牆壁是用竹子編成，再塗上泥巴穩固，地板也是泥土地，沒有水泥磁磚，品質很爛。颱風來時的晚上我們根本不敢睡，深怕牆壁被吹垮。最後，只好自己煮糊糊，將報紙黏貼於牆壁上補強，否則泥巴牆和地板都很容易剝落。

日本在殖民臺灣時，是計畫想長期統治的，所以建築都蓋得耐久又堅固。跟我們剛來的時候，只做臨時性的想法不同，因為當時我們總想著要反攻大陸。後來回想覺得自己很

1　臺南九六新村是因為民國 40 年國民陸軍第 96 軍從大陸撤退來臺灣安住於此，故稱九六新村。九六新村的房舍大部分已經拆了，僅剩下周圍一些零星的房舍。

笨，一心就是被老蔣騙，[2] 有時候聽到有人罵老蔣，我就當笑話回說：「你們憑什麼罵老蔣？你們應該感謝他，該罵他的應該是我們。」我們外省人才該罵老蔣，因為本省人都是土地擁有者。老蔣一天到晚告訴我們會反攻大陸，誰會在臺灣置產啊？我們當時都不置產，只住那間破房子，隨時準備明天就收拾行李回大陸老家。家鄉裡有的是田、地，要臺灣房子幹什麼？我跟本省人說你們都發了，我們反而最糟糕，所以最應該罵老蔣的是我們外省人才對。現在說這玩笑話還好，以前是要被抓起來、判重刑的，是十年以上的重罪，污辱國家元首。

令我們覺得最難過的一點是，若當初他跟我們講實話，我們日子會過得更好。當時為了反攻大陸，老蔣把所有盈餘花在軍事費用上。但也只能怪自己笨，就跟現在詐騙集團一樣，自己要上當，又能怎麼辦呢？

九六新村後來雖然有進行整修，但也僅是將竹編的房屋改成磚瓦，當時臺灣經濟已起飛，還是竹泥巴牆實在說不過去。而且不像忠勇新村和雨後新村，臺南的九六新村從拆掉到現在，依舊尚未改建。[3] 雖然旁邊的大道新村已經蓋好，政府要分配九六新村的人到那，但卻分不完，因為很多人不買。南部人很奇怪，不喜歡住大樓，喜歡住透天厝。

▌卡片、牛油和牛奶：美援物資與眷村記憶

小時候在眷村的生活比較辛苦，除三餐能吃飽外，幾乎沒有任何零食，連零用錢都沒有。我爸爸升任通信科陸軍中

2　此指蔣中正先生。

3　受訪者後來因工作居住在情報局眷村，現居住在由眷村改建的台北士林雨農山莊，該社區是由忠勇及雨後新村合併改建而成。

校後才退休，但當時軍人待遇很低，一個月僅幾百塊，直到嚴家淦當行政院院長時，[4]軍人待遇才稍有改善。雖然當時生活真的很辛苦，幸好軍眷有柴米油鹽等補給，至少餓不死，但也僅只於餓不死的程度。直到我們小孩長大，出社會工作後家裡環境才漸漸改善。但我爸爸他們一輩子，就是住那麼破舊的眷村，也沒有想去買房地產，因為沒有錢。

那時代的美援，有我最喜歡的美國卡片，以前的耶誕卡片金金亮亮的，好漂亮。記得每年聖誕節時會去教堂做禮拜，做完禮拜後可得到一份禮物，裡面有餅乾、糖果、卡片，還有小玩具等，都是美國人捐出來的。還有大罐牛油，拿回家後和著玉米粉、麵粉來煎，做牛油餅。另外，也有美國的衣服，記得那時美國的衣服總是那麼大一件！所以會把它拆掉加工，重新修改尺寸，以上都是美援，是民國四十幾年的臺灣，物資很缺乏。

以前學校會提供免費的美國牛奶，記得小學時喝很多，那是用奶粉煮成的，學校會煮一大鍋，拿一個不鏽鋼的瓢，分給大家。通常是升旗完後，每個學生手上都會拿著小鋼杯，排著隊在操場領牛奶，一人一杯。

回想從前，覺得美國人的生活太好了，跟他們比，我們就差很多，因此在美國人面前會有一股自卑感，心理上不太平衡，而且對美軍印象也不好。到了晚上他們經常喝酒，一喝酒就對女人摟摟抱抱，態度極囂張。他們的眷屬剛開始無法隨軍來臺，之後可跟著來臺後，就在天母、陽明山等地，蓋許多美軍眷屬宿舍，又大、又漂亮，真令人羨慕。

眷村是個獨特的地方，雖然各省人都有，但大都從大陸

4　嚴家淦先生於民國 52 年（西元 1963 年）至民國 61 年（西元 1972 年）擔任行政院院長。

來，所以相對團結。他們會成立幫派，那時在眷村裡都會結黨結派。眷村男生分成兩派，一派是所謂的小太保，另一派是好學生，立志要改善家境，會用功念書。眷村中的人與眷村外的人在一起是比較困難的，眷村比較封閉，外人不能進到村子裡來，要追我們眷村女孩子很危險，常會被打、被趕跑。不過不同的眷村，情況又不太一樣。當時外省人嫁外省人多，外省人嫁娶本省人不多，本省人娶外省人也不多。因生活習慣的差異，外省女孩不喜歡本省人，所以外省女孩大概都是嫁外省人。

▌求學受挫卻遇到你：在臺南與丈夫相識

我們那時要考初中，所以小學五年級、六年級就要補習！晚上都補習到九點或十點。我初中考上第一志願臺南市女中；高中競爭更激烈，第一志願不容易錄取，所以我只考到第二志願的新化高中。當時念書真的是辛苦，看看現在小孩子讀書比我們輕鬆多少。有時候我會罵我兒子，我當年大學考到私立實踐家專，父母親供不起，現在是爸爸媽媽捧著錢請你讀書，卻不給我讀，可不可惡？當時因沒錢念實踐家專，我選擇回南部念臺南家專的夜大，是間女子專科學校，白天則工作貼補家用。

我的第一份工作是臺南瑞士製藥化工廠。瑞士製藥廠在當地相當有名，它的維他命C等健康食品，都是有僱商展小姐宣傳，多數明星都因為幫藥廠代言廣告才出名的。我是在藥廠工作時認識我老公的，他當時在臺南砲校受訓，是老公同學介紹的，那位同學正好是我鄰居，我們就這樣相識、結婚。我與老公於民國 62 年（西元 1973 年）結婚，因我爸媽住臺南，所以先在臺南餐廳辦婚禮，後來才又在臺北舉辦。

我公公當時在總統府上班，因爲蔣經國先生的政策，[5] 使得在臺北的婚禮宴客不得超過六桌，只好全部邀請親人，朋友一個都沒請。

章慕安與尤克讓的婚宴照（章慕安提供）

私人機關不喜歡僱用結婚女性，婚後我就離開製藥廠，跟老公回臺北居住。老公家也是眷村，他家分配到的是國防部甲種眷舍，房子在民族西路的大同新村，靠近總統府，距離中山北路、美軍顧問團很近，就是現在新生公園的後方。

跟我老公結完婚，生了第一個小朋友後，我跟婆婆有一點點不太對盤，所以老公的一位叔叔就說：「哎呀，妳乾脆出來做事。免得二十四小時跟妳婆婆兩個人也麻煩。」他介紹我到情報局工作，我就在情報局待了二十六年。

婆婆一生起伏很大，她從前在東北過的是所謂貴婦生活，連麻將都是象牙製做的，出門從不帶錢。結果一來臺灣，

5　受訪者指的是「十項革新政策」，是蔣經國先生於西元 1972 年擔任行政院院長時頒布的，目的是使政府政治及行政更爲簡廉有效。其中第 6 項即規定：「公務人員於婚喪喜慶，除有關親戚關係或有深交者外，不得濫發喜帖及訃告。」

整個都變了。而且她來臺灣時，以為很快就能回去，所以身上沒有帶很多錢。來臺後，才發覺什麼都沒有，她的脾氣因此變得暴躁。甚至有次氣到差點中風，三叉神經崩掉，臉變得有點歪歪斜斜，所以我兒子看著爺爺奶奶以前的照片，完全認不出奶奶，樣子變太多了。婆婆聽了好不高興，她年輕時很漂亮呢！公公在總統府上班時，老公的爺爺曾在國民革命軍擔任黨代表，但兒子現在什麼都不是，我就說他家「一代不如一代」，但講真的，每個人的想法與生活方式也不一樣了。

▌又敬又愛：我在情報局的二十六年

我是民國 69 年（西元 1980 年）進入情報局，當時在後勤處擔任行政工作，剛開始是收發工作，後來做行政官，負責各式各樣的行政業務，例如幫同仁開辦健保等。這份工作是沒有軍階的，而且常常隔幾年就更換業務，其中我碰過覺得最扯、最無聊的是政戰業務，必須做一些思想的工作，其實是騙子中的騙子（洗腦）。蔣經國先生建立政戰學校，目的是控制老百姓、人民和軍中思想，老百姓無法控制，至少軍中思想一定要控制。他說得很崇高，譬如要愛國、愛家、愛

章慕安穿著禮服出席情報局活動（章慕安提供）

人民、愛什麼……聽聽就好。政戰人員素質並不好，所以我們都敬而遠之。他們最可怕的是會當面擁抱、背後插針，這種人太多了。

負責政戰業務時，每個禮拜四的莒光日都要事先準備一

堆資料，[6] 我必須要站起來讀保密防諜第幾條、特別的規定和注意事項等。另於特殊節日，比如說母親節、中秋節、國慶日等節慶，還有軍紀教育月、保防教育等，都得替長官們準備各種場合使用的完整的相關資料，供他們參考。長官通常會指定主題，我就得依指示準備相關資料。我覺得這些活動只是說一套做一套，很難做到，因為長官的要求太高了。

除了會碰到很扯的業務外，情報局內有許多特別的規矩，例如路上碰到同事，是不打招呼的。因為不確定你是出來幹什麼，或是否正在執行任務，尤其在國外，大家都裝作不認識，頂多眼神互看一眼而已。講句難聽話，在情報局工作是不能相信任何人，對人必須有設防。

另一個規矩是要對周邊的人保密。下班回家時，我們有將櫃子、抽屜歸零、打亂的習慣，並且將保險箱、文件櫃、抽屜上鎖，若沒有整理好讓長官發現，第二天就準備記過。其實局裡多數人都受過開鎖訓練，所以將櫃子裡的東西歸零、打亂是必要的，萬一出問題，就得自己負責。但局裡仍常發生一些狀況，例如放進保險櫃的錢不見之類的，因為進

6　莒光日指的是軍中播放電視節目「莒光園地」的日子，該節目是社會教育的一環，亦是國軍「愛國教育」的主要管道。民國63 年（西元 1974 年）6 月 13 日，國軍成立「電視政治教學指導委員會」，著手籌劃電視教學事宜，內容包括「時事政令、國防軍事、敦品勵志、休閒育樂、民俗文化及史蹟介紹」等不同性質的勵德益智教學主題，致力於培養官兵效忠國家、愛護人民、忠於團隊、忠於職守的情操，砥礪服從犧牲，徹底奉行命令、誓死達成任務的忠貞志節，並洞悉敵人統戰陰謀、提升憂患意識、堅定抗敵意志，建立身為軍人應有的正確人生觀與價值認知，以善盡國軍保國衛民的職責使命。節目內容經過多次變革，且自民國 99 年（西元 2010 年）1 月 1 日起，已調整於每週四下午兩點十分首播。資料來源：政戰資訊服務網。2016 年。〈莒光園地簡介〉。網址：https://gpwd.mnd.gov.tw/Publish.aspx?cnid=40。最後檢視日期：2019/12/19。

出有管制，肯定是自己人做的，所以每個團體裡都有好人，但是仍須防範一、二個壞蛋。只要有一、二個壞人，那就頭痛了。

情報局很照顧員工，士林附近全是情報局的眷村，像我自己也分配到房子。我雖不是軍職，但我的老公是，我便詢問可否用他的名義頂一間房，我同事說：「如果你想要房子，你自己去談就可以了。」名義上講頂房子不要錢、是公家的，實際上別人讓給你總要收點費用。當初我頂下這房子，花了一百九十九萬，那時臺北市的房價都超過五百萬，蠻划得來的。另外，如果被外派或因公殉職的人，情報局會照顧他們的子女，保障將來也能進局裡工作。

我們局裡的外派，有被派到日本、美國、泰國或滇緬邊區。派遣美國是最好的，第二等是日本，滇緬邊區就真的很辛苦。我們有位老同志外派十七年，一直都在滇緬邊區，曾被緬甸政府抓過，後來是他緬甸華僑的太太營救才被放出來的。

我們有位同事因身分曝光，被迫撤回臺灣，後來就一直待在軍營裡。有次他看到我說：「章姐——妳這麼兇！如果在滇緬邊區早就被人家槍斃了！或是被人家暗殺，妳都不知道。」有的時候，我會跟長官、同事據理力爭，跟老公相處態度上也都是蠻橫！他跟我說：「我們在滇緬邊區不敢耶！滇緬邊區女人很弱，我不知道妳們臺灣女人這麼可怕。」後來，他把漂亮太太帶回來，是雲南擺夷族的，大概待在臺灣不到一年，該同事跟我講：「章姐，你們臺灣好可怕！」我問怎麼了，他說：「我太太竟然叫我去拿筷子！還說：『欸！吃飯啦！去拿筷子。』這在滇緬邊區是不可思議的事情！」我就回他：「沒叫你洗碗，你還講什麼？」我就覺得很好笑。

情報局裡有句名言：「你負不起責任。」有的人發生事

情會說：「沒關係，這件事我負責。」但其實根本負不起，像江南事件發生時，[7] 我們局長都負不起這個責任。真有大事情發生的時候，沒人能負起責任。最後涉案有關的三個人，雖都被判刑，但很快就出來了，其中副處長陳虎門，還是升少將後才回來的，後來當上處長。

情報局工作的特色，覺得同志如手足、團體即家庭，相互照顧。同事間大家不會競爭得那麼激烈，因為位子多，有飯大家吃，所以反而能互相合作。那個時代覺得同志之間比較有愛，大家感情都很好。但之後縮編，我發覺人性有一點變了，大家都想留下來，把別人擠走，像我當時就是被擠走的。我還不到退休年齡就先離職了，提早了兩年，就是因為要縮編，非有人離職不可。長官不敢動我，我的背景關係很夠，他們對我都很客氣，但我覺得自己年齡比較大，同事都還年輕，我若不走，就得叫年輕人走，於情理都不好。所以我退休時，好多人請我吃飯，上從長官下至同事，一堆人請吃飯。因我是聘僱人員，只有退休金，沒有退休俸，是一整筆提領出來的，軍保費加上勞保費，大概有兩百多萬。

局裡嚴格講起來，以前真的是很好，後來有點變質。像我們以前每年 3 月 17 日，就是戴笠死亡紀念日都會回局裡。

7　西元 1984 年 10 月，華裔美籍作家劉宜良（筆名「江南」，俗謂「劉江南」）在美國加利福尼亞州遭到我國國防部情報局僱用的臺灣黑道份子刺殺身亡。事件曝光，政府雖然承認江南案為我國情報局官員主使，但強調本案乃官員獨斷專行所致，並逮捕時任情報局局長汪希苓、副局長胡儀敏及第三處副處長陳虎門等人。當時竹聯幫張安樂指控蔣孝武可能為幕後主使，但並無實質證據。資料來源：呂昭隆。2018。〈江南案破局 結束蔣氏王朝統治〉。中國時報網站。網址：https://www.chinatimes.com/newspapers/20180113000504-260118?chdtv。最後檢視日期：2019/9/19。

可是後來，上面長官認爲，大陸開放探親後，我們回去好像是來打探情報的，再提供給共產黨，所以317取消了，都不讓我們回去。上面擔心太多退休人員回來與在職人員聊天，會不經意透露一些機密，好像退休後同志就是敵人，如果現職同志常跟退休同志往來，長官反而會對你打個問號。

　　我是湖北人，因爲在情報局工作，不能返鄉。在局裡工作有個最大的缺點，就是退休後有基本三年的年限管制。等年限過了，可以返鄉時又有個問題，家鄉已沒有親人了。而且回鄉會被監視，現在時間已經過很久有改善，起初眞的不敢回去，有很多人回鄉就被請去喝咖啡。通常會讓人留滯兩、三天，睡在他們那邊，然後每天訊問。我有個同事在大陸工作的，結果電腦被偷，他一發覺電腦被偷，就連夜透過關係回臺灣。共產黨很厲害的，都有我們很完整的資料，到哪裡去可能都有人跟蹤。

眷村拆遷前，章慕安於家門口拍照留念（章慕安提供）

六、竹籬笆內的百合

——蔡祖燕

六、竹籬笆內的百合 —— 蔡祖燕

▌光陰的故事：關於眷村時光

我是民國 36 年（西元 1947 年）冬天在江蘇南通出生，一歲時跟父母兄姊來臺灣。我的爸爸帶著媽媽、兄姊和我，是第一批跟著政府一起撤退來臺的。當時我們從江蘇南通到上海，再坐船過來，但從哪裡坐船過來我不知道。

我跟媽媽來臺後，就住在芝山公園下的雨聲街，附近都是茅草屋。那時候環境蠻刻苦的，媽媽有開間賣雜貨的小店，賣小朋友吃的糖果餅乾，也賣油、鹽之類的生活必需品。附近有很多眷村，情報局的人都住那，不過那邊常淹水，我們後來就搬到比較好一點的房子。我以前讀情報局附屬單位的雨聲小學，雖一歲多就來臺，但差不多是四年級的年紀才開始讀書，聽我母親說，為了讓我可以提早上學，配合出生學年制度，報戶口時把生日改成民國 36 年（西元 1947 年）7 月。

以前情報局旁有一個做布的聯勤，專門給軍人做衣服、內衣、衛生衣，然後衛勤學校又搬來，聽說現在衛勤學校搬到故宮路那邊的巷子。[1] 衛勤學校是教衛生及醫學方面的知

---

1 受訪者所指聯勤、衛勤應均為現在所指的「聯合後勤學校衛勤分部」。民國 39 年國防醫學院興辦之「軍醫訓練班」，由新店遷至士林芝山岩辦理；民國 46 年為樹立國軍軍醫教育之體制與配合國防建軍之要求，「陸軍衛生勤務學校」成立；民國 58 年 4 月，因國軍編併技勤學校政策，陸軍衛生勤務學校乃編併國防醫學院，改稱「國防醫學院衛生勤務訓練中心」；民國 68 年 12 月 1 日奉國防部核定復校改隸陸軍。並於民國 69 年 5 月 1 日由芝山岩遷校至桃園龍潭九龍村健行營區，民國 72 年 4 月 1 日再奉國防部核定遷校至士林外雙溪力行營區；民國 85 年與陸軍後勤學校合併後，更名「陸軍後勤學校士林分部」，其後於民國 93 年底由士林遷校至林口慧敏營區，並於民國 94 年元

識，教導軍人們打仗受傷時，擔架怎麼抬、傷口怎麼包紮。後來，情報局把衛勤學校拆了，成爲停車場；聯勤家屬住的眷村也拆了，然後分發到懷仁。我在雨聲小學讀書的同學大多是聯勤的家屬，但已經沒有聯絡。

雨聲小學制服照（蔡祖燕提供）

附近還有個修備所，也是隸屬情報局的單位，情報局的公務車壞了都到那邊去修，現在已變成芝山公園停車場。從現在芝山公園的百二崁往前走，轉彎過去就是停車場，那有間像是玻璃蓋的房子，外觀看起來像現代的房子，其實是古蹟，[2] 是以前修備所的位置。[3]

月 1 日移編聯勤，正式更名爲「聯合後勤學校衛勤分部」。資料來源：余瑞蘭、陳岳君。2009。〈國軍衛勤訓練重鎮——後校衛勤分部〉。《源遠季刊》，31。pp. 24–25。

2　受訪者指芝山岩文化史蹟公園考古探坑展示館。

3　受訪者所稱之修備所，應爲「情報局汽車隊」。國民政府時期芝山岩社區空間之遺跡當中，影響後世最鉅者即爲「情報局汽車隊」，現在雖已經裁撤，但迄今仍影響芝山岩社區的商業功

雨農山莊一帶還是舊眷村時，我就住在這裡了。我原本住在雨聲街，大概民國 60 年（西元 1971 年）左右搬來忠勇新村，那時已經結婚，搬來前生了兩個孩子，搬進眷村之後，又生了兩個。雨聲新村蓋好不久後，有些忠勇新村的居民就搬到那邊去，他們原來的房子就空了下來。當時我先生幫督察室主任開車，經他介紹，頂到一間小房子，我們才能搬到忠勇新村。

蔡祖燕與王昆明的結婚照（蔡祖燕提供）

　　剛搬來時連廚房也沒有，院子的牆好像隨時要倒，牆壁也到處是一個洞、一個洞。當年這房子只有客廳、房間、飯廳，以及一個院子。因為院子牆好像快倒了，就拿個繩子綑

　　　能區位。這也正是芝山岩社區雖是以眷村為核心逐步更新的住宅區，且居民大多在政府部門服務、或是白領階級，但在芝山岩社區南側的至誠路上，短短數百公尺卻林立多家汽車修護廠的空間歷史背景。資料來源：范碩銘。2013。《芝山岩社區都市更新史與眷村故事》。p. 95。臺北：臺北市芝山岩社區發展協會。

一綑，不過颱風也沒有吹倒它，後來忠勇新村要重建時也沒有重蓋，因為左右鄰居都沒有蓋院子牆。但眷村改建不久，建商倒閉了，只改建完後面一半。很多人一聽說建商要倒了，就各自去拿免費的門板、窗框、窗戶，拿回來自己請人蓋起來，因為我那時在托兒所上班，所以我們什麼都沒有拿到。當時狀況好亂，直到後來政府才又請人把後面剩下未蓋好的部分蓋好，再改建前面的部分。

剛搬進眷村時，家裡沒有廁所，眷村裡只有公共廁所。當時很多人都覺得尿尿沒有關係，倒到大水溝就好，所以平常我們把尿直接倒在水溝沖走，大便就倒到公廁。當時有兩個桶、兩個痰盂，都拿去後面水溝倒，很少到公廁上廁所。

跟以前比起來，現在的社區生活品質雖有進步，但人與人間的情感卻冷漠了。眷村時期，小孩子都小，每家的孩子都玩在一起，媽媽們則會跑到堤防聊天。我跟幾個喜歡聊天的媽媽，感情比較好，會互相照顧。以前會找人去婦聯會做衣服，婦聯會每個禮拜四會派車子把人從眷村載到聯勤做衣服、手工。很多媽媽們都去，那時因為我孩子還小，需要照顧，等到我知道有這種賺錢貼補家用的工作時，已經沒有人穿麵粉袋褲，所以沒有機會做。但有些媽媽不錯，還會常拿一些聖誕燈、娃娃、被褥等手工回來眷村給我們做。媽媽們還會煮東西給大家吃，現在好像沒有了，以前是門一開，看到誰都在，就會問：「要吃什麼？」這樣子，不會計較多一副碗筷，家裡有什麼就吃什麼。現在完全沒有這種熟悉的感覺，因為都是樓層，像我們當社區委員有時要辦活動，逐戶去敲門，有些人愛理不理的。[4]

4　受訪者所居住的雨農山莊，是眷村改建後蓋成的社區型大樓。政府為照顧軍眷，於民國 69 年 5 月 30 日訂頒〈國軍老舊眷村重建試辦期間作業要點〉，因法令未臻周延，致部分眷村及散

▍鴻溝不存在？：我與本省人的交流

　　我跟本省人相處都很好。那個時候沒有勾心鬥角，大家都會一起做手工、洗衣服。本省人多住在修備所附近，他們會拿一大盆、一大盆的衣服，到橋下面去洗。我國小的時候，沒事就會跟我媽找幾件衣服，去橋下跟他們聊天，一起敲敲打打。當時沒特別感覺外省人、本省人有什麼差別。他們會關心地對我說：「洗衣服要小心，衣服不要被沖走了。」又會說：「這邊的水比較髒，拿到前面去過一過水。」沒有像現在，大家都不怎麼說話了。

　　初中時，本省人會跟我們外省人講國語，他們自己講臺語。跟他們在一塊講話，我就在旁邊聽，有時候會一半國語、一半臺語地跟我們說話，像「這是茶（臺語），你要不要喝？」他們會先講臺語，再翻譯成國語給我們聽。那個時候沒分本省、外省，只想著要認真讀書。我們也會三五成群的一起出去玩、拜拜：士林拜完了去北投，北投拜完去淡水；也會到各處的店家吃美食，吃完這家換那家，感情真的很好，完全沒有本省、外省的隔閡。不過我也有聽說過眷村裡面的會跟外面的打架。

　　我們社區有很多本省人，她們會稱外省人是「老芋頭」，自己是「蕃薯」。單身漢獨自來臺的都娶本省人，[5] 而且老芋

戶無法案理改建，復於民國 85 年 2 月 5 日經立法院三讀通過後由總統公布〈國軍老舊眷村改建條例〉。雨農山莊即為西元 2005 年忠勇新村及雨後新村改建之住宅。資料來源：國軍退除役官兵輔導委員會網站。網址：https://epaper.vac.gov.tw/zh-tw/C/103%7C1/7688/2/Publish.htm。最後檢視日期：2019/8/14。

5　為了維持軍人在「接戰地區」沒有後顧之憂，政府於民國 41 年（西元 1952 年）頒佈《陸海空軍軍人婚姻條例》，實質限制了在臺灣的單身軍人（特別是低階士官兵）結婚的可能，也就是所謂的「禁婚令」。民國 48 年（西元 1959 年）後，「禁婚令」

頭很疼本省人，倒是「老芋頭」跟「老芋頭」，「蕃薯」跟「蕃薯」，因為語言上好溝通，反而會吵架。我現在臺語有比較進步一點，能聽得懂臺語。有時下樓看到幾個太太用臺語聊天，我會跟著聊，像說：「對！妳明早要去喔！（臺語）」就講這麼兩句，然後他們知道我是外省人，就用國語說：「走啊，一起啊！」會國、臺語互相調整。

▍四海多兄弟的軍情局司機：我的丈夫

我會認識老公王昆明，是因我姊夫也是駕駛兵，他們是同事。昆明很愛打牌，常常一放假就到我姊姊家附近打牌，因為駕駛兵平時早上開交通車接送長官到了定點就沒事，等下班再開回去接送，中間有自己的時間，很多駕駛兵就聚在一起打麻將，我姊夫是這樣認識我老公的。

他曾經替前情報局局長毛人鳳開車，所以薪水比較多，而他的朋友環境都不好，便常找他借錢，他也都願意幫忙。人家說沒有奶粉、缺什麼，他都會借給朋友，因此他的朋友也都對他很好。結果他跟我結婚時，一毛錢都沒有，甚至借錢來結婚。婚後他也老實跟我說，領了薪水後，大家都來找他，這個人給一點、那個人給一點，薪水就剩一點點。我是無所謂，反正大家都苦。

他也當過臺灣銀行丁中江的司機，他們家有三兄弟，所以聊天時都叫大太太、二太太、三太太，我聽到說：「唉唷！怎麼娶三個太太？」老公說是因他們家是三兄弟，所以分別稱各個太太為大太太、二太太、三太太。他們那年代當司機很好，開車跟著長官出去，到活動場地，老闆都會額外給司機一百、兩百吃飯錢，而我老公拿到小費後，會買些東西請

逐漸解禁之後，這些人等於是被迫晚婚。

裡面的人吃。

　　他蠻喜歡玩（交際應酬）的，對朋友很大方，吃吃喝喝的時候常慷慨地付錢，從不手軟。我幾次跟他說自己家裡生活也蠻苦的，不要這樣，他都回：「沒有啦！」不聽！老公不管家中事，他就是愛玩，好像花花公子。我所謂的花花公子，是說有錢時完全不會想到家裡，都跟同事吃喝：今天去這個餐廳，明天再去那個餐廳。也常約打麻將，家裡待不住，我只好每天自己帶孩子，自己上下班。直到他退休，住到雨農山莊才有些改善，因為他的朋友都走了，剩他一個人。

▍一步一腳印：我的求學與職場生涯

　　以前初中要考試，我們分三批：士林、淡水、臺北。那年代我們很乖，都聽老師的建議，老師說我的能力比較差，讓我去考淡水，我也沒多想，之後回想若能考距離近的士林有多好。當時讀書很辛苦，跑到遙遠的淡水去考試，結果我考了前幾名，就去念淡水初中，所以禮拜一到禮拜五都要搭火車到淡水，除了要走很遠的路外，還要爬好高的斜坡：不過當時年輕，一路上又有同學作伴聊天，也蠻快樂的。初中畢業後，因為爸爸已經不在了，家庭環境也不允許繼續讀書，在那個時代國中畢業的學歷已算是高學歷了。

　　結婚後，我在忠勇新村連生兩個。原本每天在家帶孩子，飽食終日，但因老公職業是阿兵哥，薪水比較少，所以大概在民國65年（西元1976年），老三四歲多時，我就到情報局的托兒所上班。[6]芝山托兒所裡的職員學歷都不高，有人事關係就可以進入，但因為想進去的情報局眷屬眾多，什麼丈

6　受訪者這裡所指的情報局托兒所，即後面提到的「芝山托兒所」。

夫幾條槓啊、幾顆星的官太太都想擠進去，所以我根本進不去。後來是因為在裡面擔任清潔工的鄰居要搬家不做了，把職缺給我，我去接清潔工的工作。進去後心裡很不平衡，同樣是國中學歷，甚至有人沒學歷，都可以當老師，而我卻只能當工友。工友一年只休十五天，而老師一年有三十天的假，所以我跑去讀了三年的志仁補校，[7]為了將來可以當老師，還報考高中檢定考。

當時每天下班後搭公車去讀書，讀完就回家。那時的補校老師很體諒大家都在工作，所以都直接講考試重點，而我們只要死背那幾個重點就好。我覺得自己也蠻厲害的，因為平常沒有時間讀，只好在考試前一天請假，早上將小孩弄上學後，就從八點鐘坐到下午五點，一直念書，念完了也不跟人家講話。晚餐我會煮一鍋飯和綠豆湯，讓孩子們吃綠豆湯泡飯，他們也蠻喜歡的。然後隔天就直接去應考，考完後出來馬上就忘了。最後檢定考過了，被升職當保育員。

被晉升為正式老師後，心裡好快樂。不久，托兒所的會計離職了，因為我數學比較好，當時到志仁進修是學商科，就讓我接會計記帳，公家帳很好記，但我想這個靠不住，我沒有幼教方面的專長，萬一托兒所再整頓，沒有幼保科學歷，將來不好生存，所以我就到以前文化大學城區部的幼保科進修，但證書已經找不到了。

我在托兒所工作到五十五歲，本來還能繼續工作，但當時老百姓都在說政府「與民爭利」，因我們托兒所招收的人數較多，而情報局的子弟卻越來越少，所以老百姓就說我們「與民爭利」，非要讓托兒所關掉。關掉時我剛好五十五歲，

7　志仁補校為現在位於南京西路的「志仁高中」。資料來源：志仁高中官網。網址：http://www.cjvs.tp.edu.tw/files/11-1000-94.php。最後檢視日期：2019/8/22。

應該可以拿一百三十多萬的資遣費，結果政府沒有給，讓我們就這樣離開。後來我整理資料時，拿出單子給我女兒看，女兒說：「媽，妳應該爭取，可以拿資遣費。」因此才強迫我們所長幫大家寫公文。但所長不太願意，因為他當年僅四十歲，年資不夠，亦不到退休年齡，最終我也翻臉了，想說「反正不做了，所長有什麼了不起？他本來就應該替我們爭取。」還有另一個老師也是傻傻的，他年資還比我資深，我就跟他講：「你要不要跟我一起爭取？」最後我倆都有拿到資遣費。

　　當時士林托兒所知道我們發生的事，有特地來找我們，希望我們幫忙帶學生和小朋友過去就讀，並且到那邊工作。我本來接了幼幼班、小班的工作，但因為當時眷村改建，暫時住到中山北路天母游泳池附近，[8] 到士林托兒所要過福林橋，距離有點遠，我還要帶孫子、孫女不方便，就辭掉不做了，然後拿了政府幾個月的失業金。

蔡祖燕（後排右一）與托兒所的同仁合照（蔡祖燕提供）

8　應指臺北市士林區礦溪街的克強游泳池，因鄰近天母，該泳池常被當地人稱「天母游泳池」。

▌時光推移：雨農市場的沒落

　　眷村的居民經常在雨農市場買東西，在我兒子讀國中時期，市場樓上是保齡球場，樓下賣菜、水果、魚、早點及各式雜貨，旁邊兩排都是小吃店。保齡球場旁有許多遊戲機台，玩遊戲要投銅板。我記得兒子有一次沒有錢，他朋友教他做假銅板，拿一條繩子綁起來，將它丟進去、再拉出來，遊戲台就會啓動。我跟他說：「你不能這樣子，被抓到不得了！」結果他回：「媽，大家都是這樣子。」當時大家眞的都這樣子，不過我看好像也沒人抓。

　　如今市場沒落，市場攤販慢慢被清光了，他們也轉型在外擺地攤。後來社區改建，我回來時市場還在，但很多攤位都空著沒租人，因爲社區的人還沒全部搬回來，很多攤位便沒有租掉。但現在是完全沒落了，攤商老闆跟我說：「妳看我們現在生意非常不好，沒有人潮，東西買多了怕壞，買少又沒有人要逛。」老的都走了，只剩下太太，但她們都請外勞，而外勞不吃豬肉，多數人都叫便當，所以市場就沒落了。

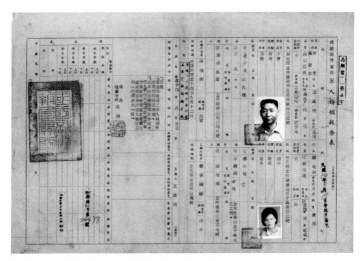

國防部情報局軍人婚姻報告表（蔡祖燕提供）

蔡祖燕與王昆明的結婚證書（蔡祖燕提供）

蔡祖燕全家福（蔡祖燕提供）

蔡祖燕與王昆明參與社區活動（蔡祖燕提供）

七、根與本，情與緣

——羅國瑛

七、根與本，情與緣 ── 羅國瑛

生逢動盪時代

民國 39 年（西元 1950 年）我在湖南衡陽縣出生，就是淪陷那一年出生的。其實淪陷更早，只是那時候（民國 39 年）剛開始鬥爭，聽老媽講，尤其是鄉下，越鄉下鬥爭得越厲害。當時我爸爸沒跟我們在一起，[1]他更早前跟著黃杰部隊離開，[2]退守到越南的富國島。

我媽說她本來準備離開，挺著大肚子坐火車到廣州，可是沒看到接應我們的人，所以又趕緊回到鄉下，之後把我生下來。過了一段時間，有了消息，又再次到廣州，這次就有人帶她從廣州坐車到羅湖，[3]然後在九龍住下，隔了多年才跟我爸爸相會。

我在香港住了好久，兩個弟弟都在香港出生。一直到民國 46 年（西元 1957 年）我們才坐「四川輪」到基隆。[4]我們

1　受訪者父親為情報局人員，後文有詳細描述。

2　黃杰為黃埔軍校一期出身，國共內戰時曾率部隊轉戰西南，後經越南回臺。其歷任陸軍總司令、臺灣警備總司令、臺灣省政府主席、國防部長等要職，是民國 40 至 50 年代對軍事及省政具重大影響力之人物，在軍事、政治史上具有一定地位，其居所亦具有一定歷史文化價值。資料來源：文化部文化資產局。2018。〈黃杰故居〉。網址：https://nchdb.boch.gov.tw/embed/assets/overview/commemorativeBuilding/20180705000006。最後檢視日期：2019/8/3。

3　指現今深圳的羅湖，位於香港及深圳的交界處。

4　民國 40 年代航行於香港與臺灣之間的定期班輪。資料來源：國家文化資料庫、中國軍艦史月刊。網址：http://newnrch.digital.ntu.edu.tw/prototype/timeline.php?keyword=%E5%9F%BA%E9%9A%86%E6%B8%AF&advanced=、http://60-250-180-26.

雨聲有些同學比我晚來，[5] 雖然大陸都淪陷了，可不知道為什麼他們還是可以出來，像我們有位同學就是到小學五年級才從對岸出來。

我們那個年代，因為大環境的關係，活得蠻精彩的，像鄰居惠汶的媽媽更是了不起。惠汶是在臺灣生的，她媽媽生九個。從抗戰期間，她媽媽就帶著小孩隨著父親輾轉南京、陝西、湖南、湖北等，走過好多地方。民國 38 年（西元 1949 年），國共內戰進入尾聲，惠汶父親暫時將家眷安置在雲南昆明，自己隨軍隊至海南島，而後臺灣。惠汶媽媽在外婆的鼓勵及支持下，將一子及三女留在昆明由外婆照顧，自己帶二子逃至緬甸，邊教書邊等待丈夫安頓下來接應，直至民國 42 年（西元 1953 年）才在臺灣重聚。惠汶留在昆明的一個姊姊、三個哥哥，則在開放探親後，才又見面。

雨聲小學也有很多同學都是跟兄弟姊妹分隔兩地，我也有兩個姊姊在大陸。[6] 我大姊運氣很好，她好像在大陸哪個運動之前，[7] 就申請到北京師範大學，但我二姊羅碧就沒辦法。羅碧比我大兩歲多，她的婚姻都是被支配的，就是黑五類。[8]

---

hinet-ip.hinet.net/theme/theme-43/43-index.html。最後檢視日期：2019/8/3。

5　受訪者在臺灣曾就讀私立雨聲小學（今臺北市士林區雨聲國民小學）。

6　雨聲國小早期隸屬於軍事情報局，只招收情報局員工子弟，故許多家庭都是國共內戰後來臺的。資料來源：臺北市政府。2012。〈市府新聞稿「春風化雨甲子慶、雨聲有愛話真情」～雨聲創校 60 週年校慶暨運動大會〉。網址：https://www.gov.taipei/News_Content.aspx?n=F0DDAF49B89E9413&sms=72544237BBE4C5F6&s=CC636C51568AA89F。最後檢視日期：2019/8/3。

7　因受訪者後文提到「黑五類」，因此「哪個運動」應指「文化大革命」。

8　中國文化大革命時期，將人以出身為標準分類，其中「地主、

中共不准她念書，直接就指婚，對方好像眼睛有點瞎，知識水平很差。其實，眷村裡面很多人都有小孩留在大陸，這種事太多了。

▌憶父親：為國賣命的祕密特工

我老爸是湖南師範大學的學生，他念到第三年，就投筆從戎去保密局服務。[9] 記得他跟我講過，抗戰剛勝利時，他被派去接收北京胡同的一間印刷廠，發現裡面有好多資料。雖是印刷廠，其實是個日本情報單位。他說：「這個胡同裡養了多少公雞、養了多少母雞、每天下多少蛋，他們都把物資清清楚楚地記錄著。」

情報局有個情報站位於香港，爸爸後來到情報站工作，家裡都不知道，至少我是不知道。我在香港叫趙國瑛，不姓羅，我當時都不知道我姓羅，也不知道我們要來臺灣。小時候我曾問：「為什麼小學時，我們家老爸好像每天上下班都有司機接送？」後來才聽媽媽講，他是去九龍吸收線民，給他們點經費，讓他們提供消息。這些廣東人必須經過一個車站叫羅湖，[10] 才能到大陸，他那時就要確定拿了錢的這個人

富農、反革命者、右派、壞分子」被稱為黑五類，備受敵視，後又加上「叛徒、特務、走資派、知識份子」被稱為黑九類。資料來源：何與懷。2016。《文革五十年祭》。p. 99。臺北：新銳文創。

9　「國防部保密局」專責保密防諜工作。西元 1955 年中華民國情報機構重新劃分任務，保密局改組為「國防部情報局」。西元 1985 年 7 月 1 日，原負責大陸滲透的國防部特種情報室合併到國防部情報局並改名為「國防部軍事情報局」，隸屬國防部參謀本部。

10　應是指香港與廣州深圳邊境的羅湖火車站。

有進去大陸，他們才能走。

香港情報站有四個人，有畢伯伯、我爸爸、傅叔叔，還有唐伯伯，畢伯伯是站長。他們四個人分住兩個地方，我們是跟傅叔叔住，傅叔叔後來是情報局一處的處長，我那時搞不清楚，一直以為老爸在做生意。我們回來（臺灣）沒多久，大概才一個多月、兩個月的時間，傅叔叔跟唐伯伯就被捕了，英國政府就夾他們手，每天拷問他們，關了差不多兩年才回來臺灣。

他們回來後，已是有底案的人，從此不能被派出去做情報工作。我記得原本情報局要派爸爸到菲律賓的馬尼拉做武官，當時武官幾乎都是情報局的人，可是他不願意。因為當年我家又生了么弟羅國士，有三個孩子，所以他不願意去，就婉拒了。

後來傅叔叔就待在情報局做內部工作，之後成為一處處長。一處好像是管理國外情報的，當時情報局跟國家安全局是有分工的，一個掌管國外情報，一個負責國內情報。後來情報局人事更迭，老爸選擇離開，他最後是在當時仍位於劍潭的國家安全局退休。[11]

情報局都會在 317 紀念日舉辦活動。情報局旁邊是專門

11　西元 1949 年 8 月 20 日，當時已「下野」的總統蔣中正以中國國民黨總裁身分在臺北市圓山成立「政治行動委員會」，以統合中華民國政府各情報機構。蔣中正於西元 1950 年復任總統後，政治行動委員會隨之改為總統府機要室資料組，所在處為今天的「劍潭青年活動中心」，由蔣經國擔任主任。西元 1954 年 10 月，總統府機要室資料組改組為國家安全局，隸屬於國防會議。至西元 1955 年，中華民國政府進行情報機構改制，國家安全局則成為各情報機構的最高統籌機關，對各情報機構負有督導、考核、指導和協調作用，並負責對外國際情報工作。羅先生當年所在的國家安全局仍位於劍潭。

給情報員子弟就讀的雨聲小學。當時的雨聲小學，就是現在進去第一排教室的位置，是個很漂亮的大禮堂，講臺上面掛著國父遺像，後面就掛著戴笠的照片。爸爸說：「如果當初坐上那架飛機，就會跟戴笠一起撞山。」爸爸跟沈醉是同事，[12] 他十多年前還出過書，[13] 他們都不曉得為什麼戴笠會撞山？他們說可能是氣候，但也有一些人懷疑是不是被幹掉的，因為他的工作太危險了。所以我老爸說：「他後來的命都是撿來的。」我爸看起來文質彬彬，寫了一手像瘦金體一樣的好字，毛筆字、硬體字都好看，他隱藏得極好，完全看不出來是做情報工作的。這些故事我小時候都不知道，後來大了，工作之後才知道。爸爸非常寡言，既謙讓又平和，我想如果沒有八年抗戰、沒有投筆從戎，他應該會是個老師，因他是湖南師範大學的學生，每年都在羅家祠堂教村子裡的孩子讀書。

▍父親反攻大陸的夢

我們一來臺灣是住松菸，那裡以前是菸酒公賣局的宿舍。那有一個爸爸的老鄉，我們叫他歐陽伯伯。因為他在菸酒公賣局工作，所以我們先到他家裡寄住，後來情報局潘其

12　沈醉（1914 年–1996 年），原國民黨陸軍中將，深得軍統特務頭子戴笠信任，28 歲任軍統局總務處少將處長。1949 年 12 月被中國共產黨扣押。1960 年被中華人民共和國政府特赦，任全國政協文史資料委員會文史專員。1980 年，由戰犯身份改為起義將領，后連續被選為第五、六、七屆全國政協委員。資料來源：沈醉。2010。《沈醉回憶錄：我的特務生涯（簡體書）》。北京：中國文史出版社。

13　沈醉自 2009 年至 2013 年間出版了《沈醉講述高牆內的戰俘生活》、《我的特務生涯》等六本書，均由位於北京的中國文史出版社出版。

武副局長說，芝山路附近有一些房子，只要交房屋稅即可入住。於是，我們搬到芝山路，就是現在的仰德大道一段。當時芝山路附近，幾乎都是服務於情報局人員居住的，與夏林清是鄰居，夏林清的大哥是夏鑄九、二哥夏禹九，父親夏曉華，是正義之聲與正聲廣播公司創辦人。

後來，我家有三次配房子的機會，但我爸都拒絕。有一次是忠勇新村，有次是忠誠路的忠義新村，還有我爸在國安局時，要配給我們內湖的房子，可他都沒有接受。他說：「因為我們要反攻大陸，有房子住就好了。」他認為芝山路的房子後面有山，前面又可看到觀音山，空氣蠻好的，他也不太願意再搬。一直到爸爸過世好多年後，才有個刑警說：「聽說你們這邊都沒人住了，我想買。」我跟他說，這房子是沒有土地權的，他說：「沒關係，我可以處理。」後來他就買走了。

▌非生於斯，但長於斯：臺灣生活的童年記憶

來臺灣時生活不是很好，物質非常貧乏。我一來臺灣就上雨聲小學三年級，那時我一句國語都不會說，滿嘴廣東話。雨聲小學的同學都是外省人，至少父系都是，媽媽就不一定，但他們大部分是在臺灣出生的，沒有鄉音。同學都笑我「ㄌ」跟「ㄋ」怎麼分不清。因為我耳朵靈敏度不夠，分辨不出來其中的差異性，所以我的同學都會笑我：「國瑛，妳講講看，妳是男生？還是女生？」就是在笑我講話有口音。

那時沒跟眷村外的人交往，唯一對外交往的是空軍子弟小學，就是現在的懷生國小。兩個學校的模擬考試，是唯一交流的方式。那個時候，其他學校像是士林國小，都有督學

訪查，但我們學校都沒有督學來。[14] 我們五、六年級時，就只上國語跟數學兩門課，其他課程很少上。

我們畢業將近五十年，在第一屆的夏鑄九學長登高一呼下，於民國 102 年（西元 2013 年）才召開雨聲小學第一屆至第十屆同學會（十一屆後改為雨聲國民小學）。當時還為了雨聲小學要廢校的傳聞，一起去見校長塗振揚。我們聚了三次，弄了一本通訊錄，雨聲小學第四屆畢業的同學才有機會再聚一起。

我後來上士林初中，從此開始接觸士林初中的同學，感覺跟雨聲小學時期很不一樣。像蔡芝蘭就會邀請我去她家，從士林初中走到她家很近，就在現在捷運站旁，她媽媽很像日本女性，他們居住的環境跟我們眷村也不一樣，跟我的認知完全不同。

中正路 212 巷有一個華僑新村，我念士林初中的同學，就有些住華僑新村，還有一些住捷運旁邊。同學有不少名人，像曾是時報文化的總編輯林馨琴，是我們士林初中同學。從前陽明山管理局時代鋪了大顆的卵石路，一直從福林公園到麥當勞。開同學會時大家都說：「我們初中三年，走這個石頭路，走了蠻多，所以身體還不錯。」事實上，那時有 29 路公車，我都是搭 29 路公車到泰北中學再慢慢走回家。忠誠路以前是水稻田，我媽媽說，忠誠路那一邊的很多媽媽，都挑著菜籃從那條小路上到我們芝山路來賣菜。

現在的士林捷運，以前是鋼鐵廠，士林有個士林鋼鐵業，位於現在誠品書店的那塊地方。那時士林衛生所位在舊的行政中心、區公所那裡。[15] 現在叫「士林公民會館」的地方，

14　之前隸屬於國防部情報局，故教育局監督不會到校訪視。

15　原址為臺北市士林區大東路 75 號，現為士林公民會館。資料

以前是士林區公所，那邊有座噴水池，圓環旁有間警察局。

▌從未想過的緣分：與本省籍丈夫相遇

　　許先生是臺灣人，住在臺南縣官田鄉渡頭村，[16] 他家離
陳水扁家好像騎腳踏車十分鐘就到了。他的大哥是二二八受
難者，許先生的大哥跟二哥都曾經坐過政治的牢，而且都曾
獲國賠。二哥許晴富坐牢的時間更久，因為他窩藏施明德，
坐了六年半的牢。許先生是民國 36 年（西元 1947 年）生，
是個遺腹子，沒見過爸爸。他爸爸為營救大哥，得了盲腸炎，
當時從臺南縣送到臺南市的醫院需要一段時間，來不及送醫
死掉了。

　　跟許先生相識是因我要去美國，當時我大約二十八歲
吧，要去辦美簽。許先生就在美國運通旅遊部擔任副總經理，
總經理是嚴長壽。我乾姊姊羅珞珈的二弟跟許先生是文化大
學觀光系同班同學。那年她二弟前來，羅姊就說：「陪我去
看一下羅伯伯、羅媽媽。」我說：「好，去！」到的時候，
就看到一張陌生的面孔，就是許文馨，[17] 我們就這樣認識，
之後他就協助我辦美簽，我發覺他極其純真，跟我成長時期
認知的環境完全不一樣。

　　他只比我大三歲，是文化第一屆觀光系畢業的，他家裡
很單純，他跟他大哥相差十九歲，跟二哥相差十二歲。我從
來沒想到會遇到許先生，我以前接觸的男性朋友都是外省
人。奇妙的是，那時我大弟弟說：「那位許先生講的都是臺

　　來源：臺北市區公所。網址：https://sldo.gov.taipei/cp.aspx?n=
　　5E8205A300934B89。最後檢視日期：2019/8/3。

16　臺南縣市合併後稱臺南市官田區渡頭里。

17　許先生全名。

灣國語，可是他慢慢被妳同化了，而妳還是不會說臺語。」
因為我成長環境的關係，我直到進入靜修女中念書，在福利
社才會聽得到臺語，所以我完全不會講，但是連我家這兩個
小朋友也不太會講，甚至聽都很差，所以我婆婆很生氣。

羅國瑛與許文馨先生的結婚照（羅國瑛提供）

　　他家在渡頭，那個村都是姓許的，前臺南市長許添財從
小跟他們一起長大。許先生家原本在那裡有很多土地，之後
因為爸爸過世、大哥被關，就花了一些錢，賣了一些地，而
後被當地的公務人員將土地變更成他們家佃農的地，土地位
置反而比他們家的位置還好，因此我婆婆非常討厭國民黨。
記得我結婚後第一年回去，我們到村裡玩，村裡人看到許文
馨，都叫「少爺！少爺！」我說：「這是誰？」他說：「他
們家以前的佃農。」我說：「為什麼他們住鎮上？」他說：「我

也不知道。」

▎尋訪最陌生的家鄉

　　西元 1990 年是我第一次陪媽媽到對岸探親，也是惟智在我肚子裡的那一年，[18] 我老爸還不敢一起回去。老爸說，已經有透過關係跟我大姊羅雁珠聯絡上，她是洛陽技術學院的副教授，姊夫是計算機教授，對岸都稱電腦作計算機。他們說：「可不可以來見個面？」我老爸不去，對我說：「帶妳媽媽去。」我當時正在做「繞著地球跑」節目，本來預計要去丹麥，還有北歐幾個國家，那時候沒有申根，每個國家都需要辦簽證，我花了八千多塊錢辦簽證。為了陪媽媽去探親，我就放棄去丹麥出外景。西元 1990 年，當時大陸衛生環境不好，我帶了好多免洗碗筷過去，真的跟現在的大陸差很多。而且大陸的親戚都不能跟我們在飯店用餐，只能在外面大廳等待。後來我們到西安，西安火車站雄偉的不得了，但在西安火車上的後面幾節車廂，就像印度火車一樣，乘客提著雞或是各式各樣的東西。到西安住了一晚，賓館的床單都有味道，之後就到了洛陽。大姊跟姊夫雖有宿舍，可是他們洗澡還是要走到校園內，家裡沒有浴室，不能洗澡，而且那個年代的衛生紙就像牛皮紙。

　　最妙的是，晚上用餐後，學校的書記長就來了。他坐下來跟我們說：「你們家老太爺，以前雖然沒來洛陽，可是我知道他待過北京。」說得好清楚喔！他還說：「其實這一棟房子前面，有一個是汪其楣的伯伯，[19] 在洛陽技術學院裡。」可以想見，對岸的政府對我們多了解。

18　惟智為受訪者女兒。
19　汪其楣為臺灣劇作家，父親是前司法部長汪道淵。

我老爸隔了兩年才去探親，因爲他總覺得對岸的政策不穩定，他只到衡陽，不敢直接到北京。我媽媽和爸爸是同鄉，一個是衡陽縣東鄉，一個是西鄉。後來，我媽跟爸爸回去過一次，爸爸過世後，她自己跟同鄉回去過兩次農曆年。明年（西元 2020 年），她希望我再陪她回去，因爲調查局裡有位過世的劉伯伯，他跟老婆劉阿姨的小孩都還在大陸沒帶出來，所以媽媽跟我說，明年劉阿姨要回去，希望我陪她們兩個人去探親。

　　回想眷村的媽媽們，在臺落地生根七十年，開花結果，情繫兩岸。有德有操，聞善則樂。眞是大時代動盪中了不起的女性！

貳

嫁進眷村裡的女人

一、義無反顧的選擇

——黎秋蟬

一、義無反顧的選擇──黎秋蟬

....

▌那年躲空襲的日子

我叫黎秋蟬，民國 25 年（昭和 11 年，西元 1936 年）新竹竹東出生，日本時代我叫黃春子，因為我過繼給舅舅當女兒，所以姓黃。上小學時，已經開始打仗了，每當空襲警報一響，老師就趕緊帶我們躲進防空洞。記得有次我跟朋友看著飛機從天上飛過，炸彈就一顆一顆地往水泥廠炸下來，當年我和鄰居朋友還跑去水泥廠附近的稻田玩耍，完全不知道害怕，回家後被大人打個半死。

小時候我沒讀什麼書，因為只要警報聲一響就沒辦法上課；後來戰爭停了，年輕人卻找不到工作，當時就只有那座水泥廠，大部分年輕人都是打零工，日子過得很苦。

在日據時代，買肉要配給，[1] 而且只有初一、十五拜拜，爸媽才捨得買一點肉，我們才會有肉吃。家中有種田，至少吃飯沒問題，當時生活環境貧困，就算有錢，也可能買不到米，除非有配給到番薯籤，或自行採野菜吃。童年的我都打赤腳，沒穿過鞋子，過年才有木屐可穿。冬天我們都去撿柴火、樹枝，生火燒稻殼、稻草來取暖；每天都去挑水，家裡有養雞、養豬為生。我們穿的都是有縫補過的衣服，過年才有新衣服穿，以前生活真的非常辛苦，現在年輕人一定無法

1　根據民國 100 年（西元 2011 年）發行的《臺北市大安區志》中的〈卷四　經濟篇〉，昭和 12 年（西元 1937 年）公布的統一配給物資的法令，實施貿易、外匯、物資等多方面的管制，同時推出「配給購買證制度」，意即持有購買證者才能購買配給品，且限制購買的數量。資料來源：https://www.ws.gov.taipei/001/Upload/public/Attachment/17414331164.pdf。最後檢視日期：2019/11/23。

想像那個年代。

小學三年級時，臺灣光復了，我再次回到學校上課，從ㄅ、ㄆ、ㄇ、ㄈ開始學起，那時歷史老師講的家鄉話口音很重，我一句也聽不懂。後來學校老師認為我程度不錯，一定可以考上初中，希望我繼續升學；可惜生不逢時，家裡無法供我繼續念書，所以我只讀到小學畢業。

▍一路向北：遇見老伴

我先生是客家人，名字叫王誠，老家在廣東省梅縣，他大我 15 歲，讀完高中後，他就報考軍校，被戴笠吸收成為情報員，後來因為逃難待在香港親戚家好幾年。之後美國政府到香港募兵，我先生就跟著美軍到日本沖繩，直到民國 42 年（西元 1953 年）美軍將奄美群島移交日本，他便離開沖繩。當時大陸已經淪陷，於是決定到臺灣來，直接向保密局（後改為情報局）報到。他在大陸時官至中校，因為有一個大背包在香港被偷，證件全部遺失，到臺灣後軍中降他為少校。他先被情報局派去政工幹校受第一次訓，一受訓就是半年，受訓完成才能升中校。升中校後，再去政工幹校接受第二次訓練，這樣一來就有機會升上校。當年情報局沒有職缺，所以派我先生到國家安全局，那裡正好有個缺。因為工作具機密性，他在家裡完全不談公事、完全保密。但最後，他還是沒有升到上校，就在國安局做到退伍。後來，他又到中正機場上班，因為工作需要，一下子調到高雄，過了幾年又調到花蓮，一直到六十歲他才完全退休。我先生因為工作常不在家，所以孩子都是我一手帶大的。

在我們搬到新家不久，他罹患了攝護腺癌，民國 95 年（西元 2006 年）去世。我先生一個人獨自來臺，因為他加入國民黨，所以留在大陸的家人被鬥爭，老家也被共產黨占

走了。兩岸未開放前，曾透過香港的姪子捎信回老家並匯錢給居住在大陸的媽媽。媽媽過世也是透過姪子得知，當他聽到母親去世的消息，不禁嚎啕大哭，自十幾歲離開家鄉後，就再沒機會見到母親。開放後，他曾回大陸一次，但並沒有回家鄉，只到了深圳，當時共產黨還派車來接我們，親戚們也都到深圳和我們相聚。因為內地的爸、媽、哥哥都已相繼離世，只剩年輕的第二代，對老一輩也沒什麼感情了，所以我先生就把臺灣當成他的根。

我二十歲那年和朋友來臺北工作，與竹東的兩個死黨住在芝山公園下，不過那個地方早已經拆掉。我在情報局福利社的洗衣店工作，因為我先生會拿衣服來這兒洗，所以就和他認識了。他是廣東梅縣的客家人，講著一口客家話，而我也是客家人，所以我們特別投緣。我們認識後開始談戀愛，後來決定結婚，但我家人都反對。那個年代父母都不願意女兒嫁給外省人，他們說：「妳要嫁給那個外省人，殺給豬吃好了！」我不顧父母反對，就和他公證結婚了，那年我老公三十七歲，我二十五歲。當時父母很生氣，我都不敢回娘家，過了幾年孩子出生後，父母才漸漸釋懷。像是端午節，爸爸會託來臺北的朋友帶家裡包的粽子給我。等到我生第二個小孩時，我父母親突然跑到眷村來探望我，關係從此才漸漸冰釋。

▍眷村生活，點滴在心頭

民國 46 年（西元 1957 年）結婚後，我們住在陽明山的山邊，那時連自來水都沒有，還要請人家挑水。洗衣服會在家裡先洗一次，再倒到河裡清洗乾淨。忠勇新村是比較特別的眷村，是蔣夫人特地蓋給情報局人員居住的。民國 48 年

（西元 1959 年）10 月忠勇新村剛蓋好，我們就搬到忠勇新村，一共有一百四十四戶，當時分配坪數的方式，是按先生的階級和小孩數目。當時我們只有一個孩子，只能分到小房子，我們是住在最後一排 132 號。

早期的眷村環境非常克難，牆壁都是竹子編的，隔壁鄰居講話都聽得到，那時覺得不會在臺灣久住，所以都是蓋這樣簡陋的房子。每家空間都非常小，床和爐子靠得很近，公廁在家門外，都買大澡盆，在家裡洗澡。因氣候潮濕，房子住久了，木頭製的牆壁、地板都會腐壞，因此才需要慢慢改建。以前每天早上都要生爐子、燒木炭；改成燒煤球後，便不用天天生火，不煮飯的時候，把爐子關起來就可以了。

剛搬進眷村已有一個孩子，同時懷了老二。老大是民國 47 年（西元 1958 年）3 月生，民國 49 年（西元 1960 年）元月生老二，後來又生老三、老四。生老四時，衛生所就派人告訴大家要避孕。最後，告知我們：「如果再生就沒有糧、沒有補給了。」

民國五十年代，典型眷村的生活就是參與婦聯會活動，這是眷村蠻特別之處。公家的交通車一個禮拜來載我們去一次，我們會幫軍人們車縫內衣、內褲，也會做手工藝、打毛衣和繡花。後來局裡會拿毛衣到眷村來，請我們這些家庭主婦加工，做勾邊、縫扣子、繡花，像是家庭代工的感覺。我那時候負責分配物料給鄰居，其實不見得每個人都會做手工，要有興趣才行，我們就是這樣賺點零用錢，補貼生活費。

有時我擔心手工做太晚，小孩會餓肚子，就叫小孩子自己去麵攤吃麵，還被其他客人說：「啊，這個小孩子的媽媽喔，一定是打牌打瘋了！小孩子連飯都沒得吃。」老闆娘幫忙解釋說：「你錯了，小孩的媽媽是在做手工，不是打牌啦！」村子裡確實有些媽媽會打牌，會去打牌的，大都是孩

子比較大的。通常打牌的太太都是年齡比我們大幾十歲，在大陸結婚的外省人，臺灣太太大部分都待在家裡做手工。

小孩長大後，我就到外面工廠工作，曾待過收音機工廠、毛衣加工廠。當時毛衣加工廠老闆是外國人，有一天外國老闆說：「大陸開放了，大陸的工資更便宜。」就把臺灣的工廠結束，我們就失業沒有工作了。

政府以前會配給麵粉給軍眷，不過都是發放等級差的低筋麵粉，但製作麵條需要中筋麵粉，我就拿低筋麵粉去跟做麵條的老闆換中筋麵粉。他一邊換，一邊嘮嘮叨叨地說：「你們麵粉品質很差，所以一斤低筋麵粉只能換十二兩的中筋麵粉。」

以前都是自己做麵食，最簡單就是麵疙瘩，把湯和肉一起下去煮一煮也就完成了。饅頭要發麵比較麻煩，當時公家單位也派老師來教我們怎麼發麵、揉麵，製作成麵條、饅頭、花捲等，當然水餃皮都是自己擀的，這些生活點滴，都是我年輕時候的回憶，日子很苦，但很快樂。

▌提升生活品質的眷村改建

我們眷村要拆掉時，政府希望懷仁新村跟我們合起來改建，但他們不願。後來國防部安排他們到木柵眷村改建後的房子，他們也不要。他們希望自己能在原地蓋，但是懷仁新村的土地是公家的，房子卻是自己花錢買的。其實那塊地原是臺大的，最後國防部只好跟臺大換地，目前這塊地就屬國防部所有。他們打官司打了好幾次，去年官司終於打贏了，但眷村改建計畫也已經結束，沒有經費了，因此懷仁新村至今未能改建。我們忠勇新村和雨後新村於民國 88 年（西元 1999 年）底全數遷出，民國 89 年（西元 2000 年）9 月上

午吉日、吉時，於雨農山莊正門舉行奠基破土典禮，民國 94 年（西元 2005 年）完成改建。

民國 60 年（西元 1971 年）我們眷村第一期改建，全家搬到堤防的教堂旁邊；[2] 民國 68 年（西元 1979 年）第二次改建，不是通通一次拆，是分前、後兩段。先拆後段，蓋起來之後，再拆前段。因我住教會附近，我在教會奉獻付出十幾年，每一天都將教會裡外打掃一遍，不論是樓上、樓下、外面院子，以及幫花草澆水。教會每個禮拜天有聚會，我會協助買菜、煮飯，原本至少要預備一飯一湯、兩個青菜，但兄弟姊妹各家會再帶一樣菜到教會分享。我真的無怨無悔、從來不抱怨，是自己甘心樂意地付出。

民國 94 年（西元 2005 年）眷村改建後再搬回來，已無法再回教會幫忙，因為現在年紀大了，不太能走路。我平日習慣從家裡散步到文昌橋附近，有天走著走著突然覺得頭不舒服，後來到醫院檢查，醫生說我有缺氧狀況，我就怕自己突然缺氧，在外面暈倒，不太敢出去走。我之前換的心臟瓣膜已經壞掉，醫生讓我考慮做微創手術，但是要花一百多萬，我一口就回絕他！我現在已經八十歲了，走到哪裡算哪裡，所以現在不敢走遠了。

除了教會志工外，我也會到士林郵局後面的創世基金會擔任志工，他們每年都為街友辦桌，我們會幫忙寄廣告傳單等，做了十年創世基金會的志工，去年因考量身體狀況也就不再去了。

▌眷村特有的文化：人情味

那時候忠義一村、二村、三村、懷仁、懷德、忠勇、雨

2　指的是福林路 377 號的感恩堂。

後，這幾個情報局眷村的小孩都讀雨聲小學，眷村孩子的玩伴幾乎是自己眷村的鄰居，很少和眷村外的孩子接觸，到了高中，才有機會和眷村外的孩子有較多的接觸。

眷村裡的商家和眷村外的商家是不一樣的，眷村外的商家以本省人居多，以前那裡就是雨農市場，本省人來賣魚、賣肉，除非要買特別的東西才會進去，或者有做生意的才會認識。

情報局一向門禁森嚴，但局裡每星期固定會播放電影，可開放眷屬進去觀

黎秋蟬奶奶的女兒，便是就讀雨聲小學（黎秋蟬提供）

看，那時候若有空閒時間，傍晚會帶著孩子去看電影。一進門就有警衛站崗，軍人也必須讓警衛查看證件才能進去，我們也要眷補證，才能進局裡看電影。後來，因忠勇新村有塊空地，情報局會定時派人到空地放電影，小孩子都會帶椅子去空地坐著等看電影，之後就不再進情報局看電影了。

以前早上起來，大門一打開，就是左右鄰居，一整天大門不關的，所以大家都很熟。不像現在住公寓，樓上、樓下住的是誰，可能都還不知道。孩子病了，我就把沒病的託給鄰居照顧，鄰居們都很願意幫忙，別的地方可能沒這種人情味，只有眷村有這樣溫暖的感覺。就連沒有蔥、沒有薑，臨時跑去鄰居廚房借，一定可以借到。自己家裡做麵食、包子，有時也會分享給左鄰右舍，大夥兒都是這樣互相關懷、生活在一起的。

我認為眷村比較有人情味，和這些老鄰居幾十年的交情，有時候聽他們發發牢騷、說說兒女近況，這樣的情誼我真的很珍惜。你如果問我，什麼是眷村文化？我會說：「眷

村文化就是有人情味啦！」

　　令我感到比較難過的是，我們這一代辛苦的打拚養家，第二代看到老的過世以後，沒有一個不回來爭產的。有的媽媽才過世，在國外的兄姊立刻回來將房子便宜賣掉，因為他要回美國。有的媽媽生病、過世，他們完全不管，連媽媽最後一面都不見，為了分財產更弄得兄弟姊妹感情破裂，所以父母實在不需要留太多給子女。

黎秋蟬（前排左一）於雨農山莊舉辦的中秋節晚會上表演（黎秋蟬提供）

黎秋蟬與來自日本愛之大學的同學相見歡（黎秋蟬提供）

二、認份卻不認命

　　——張媽媽

二、認份卻不認命——張媽媽

漂流到臺北

　　我是彰化員林出生的本省人。我五、六歲時走失了，就一路漂流到臺北，當年被收養在北投的孤兒院，[1] 在孤兒院待了一陣子後，就被我的養母領養，從此跟著養母一起生活。我大部分的記憶都是在被領養之後，領養前的記憶是很模糊的。

　　養母家中有哥哥、姊姊、我，還有個妹妹。我小學讀士林國小，到三年級就沒有再讀了，那時因養母身體不好，哥哥又得了肺病，經常臥病在床，我平日除了做家事，也要伺候他們。當時自己不愛念書，無法體會多讀書對自己未來前程比較好，就沒再繼續升學，而是待在家裡幫忙。等我成年後，我原生家庭的哥哥有到臺北找我，陸續帶著我認識其他家人，那時有種很奇妙的感覺，就是他們都認得我，而我卻不認識他們。起初，我還回老家約莫兩、三次，最後一次回去是告訴這些家人我要結婚了，他們還跟我要了喜餅，我當年也傻傻地直接回應：「你們也沒有養我，還跟我要餅？」當晚，我就搭火車回臺北了。這些回憶彷彿就像昨天的事，回想起來很有意思。

　　婚後我在情報局找到一份工作，是擔任總機幫忙接聽電話，主要的工作內容是轉接各個辦公室的電話，像是某單位的主任要接通到某個處室、某位科長，或者是某單位的長官需要用車，我就轉接到汽車隊，汽車隊的同仁就會安排座車給長官，像這些待聯絡事宜的電話打進來，我就負責幫忙轉

1　指臺北市私立聖道兒童之家。

接分機號碼。那個時候的聽筒還是用搖的，電話打進來還會跳起來，要轉接其他單位，就把話筒插到卡榫裡，和現在的電話相比，真的是老古董了。這份工作我做了兩年多，生了孩子後，就把工作辭了，專心帶孩子。

▍任勞任怨的歲月

我先生是江蘇人，民國 21 年（西元 1932 年）出生，他十六歲來臺灣，二十四歲結婚。當初，他是和我公公一起逃難來的，公公在大陸已在情報局（當時叫保密局）工作，到臺灣後，繼續在情報局服務。我曾經和先生回過老家兩次，那時的大陸很落後，許多建設都不好，普遍很貧困。有一次我們在南京旅遊，先生老家的親戚還特地到飯店找我們，原以為是想念我們才聯繫的，殊不知是來要錢的，那年代他們的環境實在沒我們過得好。

當年逃難時，公公原本只帶著我先生，後來我婆婆央求公公帶她一起走，她並不是公公的元配，他們怎麼認識的我不清楚，只知道婆婆希望公公帶她一起出來，她願意替他們父子燒飯、洗衣，這才跟著來到臺灣。我先生都喊她大娘，至於公公在大陸的元配和一個女兒，仍留在大陸生活。在兵荒馬亂的年代，就是常有這樣妻離子散的故事。

我先生在情報局汽車隊服務，他駕駛的交通車每天都會經過我家門口，我家以前住士林派出所附近，往裡面走有一個圓環，他每天從情報局開車經過那附近，裡頭是士林市場，我先生會開車載著官太太們到市場買菜，常常見到我就打招呼、聊天，漸漸就這樣認識，他年輕時很帥，以前街坊鄰居都說，他長得像當紅的法國明星亞蘭‧德倫。

當年很多本省人嫁給外省人，家裡都是反對的，那時外

省人大多沒有錢，日子過得也不好，怕自家的女兒嫁過去會吃苦。但我養母並不反對，結婚該有的習俗我們都有，婚禮辦在臺北國際學舍，場面很是熱鬧！

結婚後發現他中看不中用，我很無奈，我先生從來都不養家，所有的錢都拿去賭博了。他基本上是不管家中的開銷，都是我努力辛苦工作維持這個家。

有段時間因眷村改建，我們搬到唭哩岸暫住。婆婆很會存錢，[2] 每個孫子、孫女都贈與一間房子，唭哩岸的房子是我婆婆給我家女兒的，後來女兒將唭哩岸房子賣掉，希望把這些錢分給我們倆老，我當然拒絕，我不需要這些錢。但老公倒是拿著這些錢到淡水玩柏青哥，最後把錢全輸光了。我們那個老芋頭退休後，什麼都可以賭，也把退休金拿去繼續賭，最後一樣通通輸光，一毛不剩。同時也還能去打麻將，全輸光才肯回家，我一點辦法也沒有。

女兒曾對我說：「媽媽，妳怎麼就這樣子跟他過一生？」我說：「那怎麼辦？老了，能到哪去？他老了沒人要理他。」他現在待在家休養，我將飯菜煮好，要幫他弄到跟前吃，吃完了還要幫他收拾碗盤。另外，如果吃藥時沒人看著，他就亂吃，原本早上、中午不一樣的藥，他可能整天都吃下同樣的藥，因此我會幫他將藥品分類、放好。他已經習慣通通都給我做，就是很依賴我。

我，一生都命苦，以為嫁給一個可以依靠的人，結果自己為了養活孩子，我拼命做很多不同的工作：當過幫傭，也曾在餐廳工作。由於忠勇新村正好在堤防旁邊，那時為了房子要加蓋二樓，尚差一萬塊，只好到營造廠工作。雖然一個

2　這裡的婆婆指的都是那位跟著受訪者公公一起到臺灣的那位大娘，而不是元配。

月才賺一千五，但十個月就可付完，我自己還能存五千塊。那位老闆娘人很好，讓我繼續工作，直到他們要移民國外，還給了我三萬五的遣散費，那年代的三萬五很多耶！

之後到士林的固力康糖工廠工作，每個月六千塊，做了差不多八、九年，後來工廠生意不好而關門，我也拿了十四萬的遣散費。而糖工廠的師傅，又介紹我到自助餐工作，從洗菜開始做起，接著當學徒，學習包餃子、炒菜，就這樣炒了二十年。因一直待在廚房工作，現在會氣喘，心臟也裝了支架，我的病就是這樣做來的，不過辛苦工作二十年，總算存了一點錢。

▋關於眷村的獨家記憶

剛結婚時，我住在雨農橋的橋頭，那裡有間茅草屋是我公公蓋的，每當颱風一來就淹水，於是民國 48 年（西元 1959 年），我們全家搬進了忠勇新村。當年我先生只是情報局的一個小兵，我們本來沒資格被分配房子的，是用當時的茅草屋和情報局交換。搬進去以後，我準備生第二個孩子，算一算時間到現在應有六十幾年了。

眷村有自己獨特的樣貌，有一群講國語的，亦有講客家話的，本省人也自己一夥，但我不論是哪一群，都跟鄰居相處得很好。從前家裡經常是前、後門打開，一下子從後門進來，轉眼又從前門出去聊天；鄰居之間也會互相借油、借蔥，感情都很好。眷村的相處模式，現今是不可能發生的情況，什麼醬油、蔥、薑，家裡必備的調味品，自己買菜時都要記得。

生在物資缺乏年代的小孩也很可憐，根本沒有什麼玩具可玩。家中若是難得有水果，一顆小西瓜剖開，分了好幾瓣

給孩子，我們當父母的也捨不得吃。我家後門住了一個將官，他們只生三個孩子，我常笑說：「李太太，你們少了一個小孩，多好！切一顆西瓜還可以分得到。」不過那年代就是如此貧困，大家都是這樣過來的。

我生了四個孩子，都是我自己帶大的。他們還很小的時候，我沒出去工作，只在家縫毛線衣；直到眷村第一次改建時，我才去當幫傭，有段時間還幫鄰居帶孩子。現在想想，覺得自己真是很厲害，已經有四個孩子，還幫人家帶小孩。

那時的家庭代工都是熊媽媽拿給我們做的，我們每週四都會到婦聯會幫阿兵哥車縫褲子，交通車會按時來接送我們。忠勇新村本省人較多，雨後新村則是外省人居多，我們兩個村子互動很少。但現在算一算，老的應該走得差不多了，畢竟許多人是從大陸來臺灣的，年紀都很大了。雨後新村的小孩子，有不少人也都搬到雨農山莊，有時他們喊我，第一眼我都好像不大認識，但接著講是誰的孩子，或是哪家小孩的同學，還是可以想起來的。這些人、事、物，其實都在我內心很深的位置，想忘也忘不了。

我可以說是見證了士林這塊地方的發展，士林一步一步走到今天，整體建設轉變很大，從前都是平房，頂多就是兩層樓高，如今全部都蓋成大樓，改變很多。我雖是彰化人，但我從小在士林長大，當士林仍是整片稻田的時候，我就住在這裡。直到後來，慢慢建了許多眷村，目前的士林市場與士林夜市變得更加熱鬧，跟從前很不一樣！士林進步、發展的每一個階段，我都參與到了，真不曉得再過幾十年，這裡會變成什麼樣子。

三、情比金堅，至死不渝

——朱福妹

三、情比金堅，至死不渝 ── 朱福妹

█父母之命，媒妁之言

　　我民國 34 年（西元 1945 年）出生，老家在新竹五峰鄉大隘村。我來自賽夏族的大隘部落。[1]從小在鄉下長大，父母親都種田，他們是靠苦力賺錢養活我們全家，雖然家境不富有，但生活得很快樂。我父母有十二個小孩，八個兒子、四

朱福妹丈夫年輕時的軍裝照
（朱福妹提供）

個女兒，但女兒只剩下我一個，其他三個都因病過世了。我讀到小學畢業後，就留在家中幫忙，有農活我就去做，同時也幫忙照顧弟妹，幾年後就有門親事找上我了。

　　我和先生透過媒人介紹認識，這媒人說起來有好幾個，有兩對夫妻，丈夫都是我先生的同事，在一次麻將聚會中，提起想介紹個女孩子讓我先生認識，其中一對夫妻的太太也是原住民，她母親的妹妹是我嬸嬸，是這樣的緣分將大家聚集到我的老家。起初，他們的

1　位於新竹縣五峰鄉，分為上大隘部落及下大隘部落，早期居民從新竹南寮到新竹市、經北埔一直往山上直到五峰鄉大隘村，「上大隘部落」（Sansama:an）在賽夏族語言裡意指「盆底肥沃之地」；「下大隘部落」（Sayie）在賽夏語中的是「野榕樹」的意思。漢名則是指大隘聚落中地勢較低的地區。依照《臺灣原住民族系統所屬之研究》及《番族慣習調查報告書》的調查，該族原居於大霸尖山下，後遷居至苗栗縣南庄鄉東河村一帶，其中一支經過加里山來到新竹縣竹東鎮的上坪，之後又遷居至五峰鄉大隘村居住。

目標並不是我，是我堂妹。但沒想到我三伯不同意，我三伯說：「女兒不能嫁給外省人，嫁給外省人會餓死，沒有飯吃。」那個年代都是這樣說的。於是，嬸嬸就想到還有另一個女孩子，那就是我。我家住山上，當時夜色已暗，他們依然摸黑上山來看我，那一年我才十六歲，什麼都不懂，現在回想起來都是緣分。

　　當我搞清楚怎麼回事後，我自然是不同意的，總覺得自己年紀還小，怎麼能嫁人，但我母親看見我先生，當下就同意了。可是我不願意，所以當晚到了十一點，我嬸嬸和大嫂在房間裡和我懇談，她們說：「妳媽媽沒意見耶，妳自己考慮看看。」我說：「我還小，別人十六歲都還在讀書哩。」嬸嬸又說：「妳媽媽她們沒有意見，就看妳，不嫁這個男的，以後要是有別人來提親，之後的不見得會好，妳嫁這個一定會過得很幸福。」

　　第二天是禮拜日，通常我們會去教堂，當時走路到教堂將近要一個多小時，所以我很早就起床了，一打開房門就看見我嬸嬸，沒想到她們鍥而不捨，一早又來繼續說服我，希望我能答應這椿婚事。後來我好不容易出了門去教堂，結束後回家，問弟弟：「他們走了沒有？爸媽怎麼說的？」弟弟說：「走了，爸媽已經同意了。」當下我就大哭，哭得很傷心，我覺得爸媽不要我了，我和母親講：「誰再勸，我就去自殺。」

　　反覆討論多次後，我答應了。那年代的觀念是父母之命不能違，其實我內心極度想反悔，我母親看我不對勁，就趕緊寫信給我先生，希望他快點把我娶走。民國 50 年（西元1961 年）10 月我們在臺北結婚了，當時也沒有錢，就辦了一個簡單小婚禮。結婚第二年，一個來自南京的朋友每天都叮嚀著我，她說：「唉唷！妳還小，我教妳打毛衣、煮菜，

這樣將來妳自己可以幫小孩做衣服、做飯。」結果我十八歲時，不但會打背心，還能打外套，我什麼都會打。幾十年後我和先生講，幸好娶了我，要是討了我堂妹當媳婦，一定過得更辛苦，因為我堂妹沒有我勤快。

夫妻情同比翼

內心一直覺得自己年紀還小，不可能結婚，所以對我先生沒什麼特別的第一印象。結婚時他二十八歲，我十六歲，差了十二歲。剛結婚時，非常想家，我先生白天出門上班，我經常在家裡哭。當時我們才剛認識，沒什麼感情，也不了解對方，但日子久了以後，我覺得他真是個好人，我覺得我嫁對了。他是個不囉嗦的人，有時候我們去逛街，他就耐心在旁邊等我，不會催我。每個月的薪水，原封不動交給我打理，我們陸續生了四個孩子，兩男兩女，日子過得辛苦，卻很幸福。

每到週末先生都會陪我一起回娘家，父母親年紀大了，有時我們會小住兩三天多陪伴他們，只要我先生沒跟著回娘家，我爸媽就說：「欸，怎麼 yama 沒有來？[2] 你們是不是吵架啦？」我說：「我們從來不吵架的。」

民國 74 年（西元 1985 年）我先生上校退休後，先到光武工專當廚房的採購人員，專門規劃食材的購買數額，後來因為我們要去大陸買房子，要花時間準備資料，就沒有繼續做了。那時我們剛在大陸買了房子，想說先回臺灣存幾年錢再回來裝潢，但就在要回臺灣的前幾天，我先生過世了。他突然昏倒，就再也沒有醒來。他走了十年，我只要一想到他

2　賽夏語，意為女婿。

就想哭，我們感情實在太好了。以前日子過得辛苦，等孩子都大了，開始要過好日子，我先生就過世了。不過還好，孩子們都很孝順，有享到一點福。大兒子在大陸做事、大女兒嫁到香港、老三軍情局中校退伍，也住這個社區，而最小的女兒在新店。

朱福妹與先生王允叔在安徽合影，留下照片的兩天後，王允叔因意外離世（朱福妹提供）

我和先生感情非常好，在他走的前幾天，我喊他「爺爺」，因為跟著我孫子喊，我說：「爺爺啊！我嫁給你是最幸福的一個，我很滿足。」因為很多原住民嫁到外面來喔，生活過得並不好，我是幸運的。

▌那一段艱苦而充實的眷村歲月

我先生很年輕就來到臺灣，是民國38年（西元1949年）跟著老蔣一起來的，當年他僅十五、六歲。他跟著堂哥一起搭船來臺灣，一路就跟著部隊。到臺灣後，他因年紀太小沒辦法當兵，十八歲才能當兵，他就多報了兩歲。之後他在情報局服務，我先生以前是管車輛與駕駛兵，曾當過汽車隊的隊長，也待過其他部門，就一路當兵到退伍，也因為他在情報局工作，我們才能住到眷村裡。

我嫁給他時，他已經在情報局服務，民國50年（西元1961年）我們結婚，那時住在芝山公園下面，民國53年（西

元 1964 年）搬到忠勇新村，當時大女兒剛出生。而熊媽媽已經在婦聯會，[3] 她會帶大家做衣服，經常拿手工藝讓我們一起做。

眷村裡雖很多外省人，但生活習慣並沒有特別不同，我們都是自己買菜和燒菜，菜色當然以外省口味爲主，我先生喜歡吃紅燒口味。我們原住民不吃水餃，我是婚後才開始學習自己做水餃、餛飩、包子、饅頭、粽子，連餃子皮也自己擀，都是慢慢一點一滴學著做。以前有配給麵粉，另有麵、米、油、鹽這些家常日需品，所以我覺得政府很照顧我們眷村子弟。

朱福妹和先生合影（朱福妹提供）

村子裡環境不好，我先生一個軍人，一個月沒多少薪水，但他會將薪水全部交給我，對我說：「這些錢全部都給妳了，可是妳要用一個月，妳不要只用半個月沒有錢了，跟我要我也沒辦法。」當年一個月才三百塊，一天只能用十塊錢，要很節省才行。我們有四個孩子，兩個大人，共六口人，孩子們要讀書、要生活，根本不夠。當時很多家庭主婦都做手工藝來貼補家用，有時候真的沒辦法，就來起會。

我做過會頭，[4] 因急需用錢，就招了二十幾個人跟會，一下子

3　關於熊媽媽的故事，請參閱本書「無私奉獻，頂燃到底——賴添珍」篇章。

4　「標會」是民間一種小額信用貸款的型態，流行於臺灣人、香港和海外一些華人的社群，具有賺取利息與籌措資金的功能。

就收到二十幾萬。我為人大家信得過，標會時能聚集到很多人，這就是那個年代的生活方式。後來，房子改建需要錢，我就拿會錢來貼補，同時我也幫人家帶小孩，前前後後十幾個小孩，加上自己的四個小孩，真的很辛苦，不過也都熬過來了。

民國 76 年（西元 1987 年）開放兩岸探親，隔年我們就申請回大陸探親，我先生有兩個同父異母的妹妹。當時聽說很多人不太敢回去，尤其是在情報局工作過的，都會被找去談話。我們當年回去也有中共的高幹來找我們聊聊，其實也是閒聊，我們不搞政治，也聊不出什麼來。

▌寄情於手工藝品和十字繡

婚後第二年我去學洋裁，初級班是四個月，我兩個月就畢業了，女兒們小時候的衣服和小洋裝，都是我自己做的。有次，先生和我說：「妳把我這個襯衫袖口改短一點。」我立刻幫他修改，改好後我先生一試穿，改得剛剛好，他很高興說：「打燈籠也找不到這種老婆。」我說：「你不是找到了嗎？」

由於我先生離開得突然，我們在大陸的房產需要我去處理，正好我姪女在上海，事情處理完

朱福妹十字繡作品：聖母像
（朱福妹提供）

互助會的發起人稱為「會首」（或稱會頭），其餘參加互助會的人則為「一般會員」（或稱會腳）。

就去找她，看見她在繡十字繡，我也跟著一起繡，沒想到繡出了興趣。我從找一塊白布的中心點開始，沒人教我，自己靈機一動，把這塊布對折再對折，中心點就出來了，接著就是兩股線的堆疊。剛開始繡得並不好，我只能靠自己一步一步摸索、慢慢進步。我雖只有小學畢業，但很多事我都會自己摸索學習，我心想，若是我先生還活著，看到我的作品，他一定很高興。

除了十字繡外，我也會做原住民的傳統服飾。我們賽夏族在新竹縣五峰鄉和苗栗南庄是屬於同一個體系，每兩年舉辦一次矮靈祭，差不多在 10 月底至 11 月初舉辦。活動表演前我們都會到南庄跟主辦單位討論，除了跳舞的順序，其中還很多細節。我在這個期間會做許多傳統服飾，從頭飾、帽子、耳環開始，一直到上身、下身，以及腰帶，我都會做很多組（套），有時提供給族人跳舞時穿，偶爾也會拿到市集賣。我們兩個部落各自會舉辦三天的矮靈祭，南庄的日期會早五峰一天開始，等到五峰的祭典舉行到第三天時，南庄的族人會到五峰來一起同樂，這段期間我就會參與製作許多傳統的原住民服裝。

我的十字繡作品曾經在社區教室展覽，也在陽明醫院展示兩個月，明年（西元 2020 年）9 月將於榮總醫院展示，希望來欣賞的病人，心情好轉就可開心地回家。

朱福妹的十字繡作品（朱福妹提供）

朱福妹手工製作的原民傳統藝品（朱福妹提供）

朱福妹手工製作的原住民服飾（朱福妹提供）

參

眷村二代憶當年

一、往日情懷的鹹、酸、甜

——羅啓蘭

一、往日情懷的鹹、酸、甜 —— 羅啓蘭

▌生於憂患的年代：父母的相識

對我母親而言，在那個兵荒馬亂的年代，聽見防空演習的警報聲是很平常的事。她的母親曾告訴她：「若是有緊急事件，可以去找哥哥。」我大舅是一名軍人，他的軍營就在防空洞附近。戰爭無情，在母親的記憶中，當年著急上學，早餐顧不上吃，匆忙準備出門之餘，外婆有著許多叮嚀。由於前一天躲空襲警報，晚上七點多才從防空洞出來，餓得半死，外婆擔心她今日又要躲警報，於是塞了三個窩窩頭包在手帕裡交給母親，口裡絮叨說：「如果眞的要躲警報，妳在防空洞可以吃點東西墊墊肚子。」母親當下只是隨興應對，可哪裡知道這一別，即是永別。

這一躲不再只是警報，砲彈眞的打了下來，敵人已包圍，母親趕緊去找大舅，兩人逃出來後，再也沒看過外婆一眼，這對她來說特別痛心，母親說：「我再也看不到我媽媽了。」逃難的日子，爲了活下來，只能吃路邊的野果子，好不容易上船到了臺灣，卻也是過著顛沛流離的生活。

父母的初相識是透過我的大舅，當年大舅到臺灣就在國防部保密局服務，[1] 也鼓勵母親到情幹班受訓，想當然是認爲投身公家機構最有保障。大舅也明白自己遲早要回去做敵後工作，妹妹需找人託付終身。母親在情幹班的同學眾多，但看來看去，總覺得沒有合適人選，於是，大舅託了好些人幫

1　西元 1955 年中華民國情報機構重新劃分任務，保密局改組爲「國防部情報局」；西元 1985 年 7 月 1 日，原負責大陸滲透的國防部特種情報室合併到國防部情報局並改名爲「國防部軍事情報局」。

忙介紹。還記得母親跟我提到，她從內湖走回士林的路上，他們一批年輕人聚集一起說說笑笑，就在這樣的場合下，結識了我父親。父親可能多跟她聊了幾句，母親也沒多想，因父親當年已三十幾歲，而她才十八、十九歲，年紀差距頗大。之後，接觸多了越看越順眼，當然大舅也覺得父親為人不錯，就這樣開始交往，後來便結婚了。

羅啟蘭母親與父親的結婚照（羅啟蘭提供）

多年後才知道，原來父親在大陸已有妻小，這對我母親來說，是一種傷痛。無奈於大時代的悲劇，戰爭打亂了原有的生活。家，是沒有辦法回去了，加上當時兩岸無法通信，本以為此生再無法與故鄉的親人重聚，怎知多年後還能踏上故土與弟弟、妹妹相見。

▎正港的眷村女孩

早期在士林官邸那一帶，現在歐德廚具、雅力根坊的位置，那裡方圓百里都是空地，早先那裡也蓋了許多眷村，多半是矮的平房。民國 48 年（西元 1959 年）忠勇新村蓋好，

我們全家搬進去，民國 50 年（西元 1961 年）2 月，我在這村子出生，是真正眷村長大的小孩。當時眷村的前面有個廣場，廣場旁有公共廁所，這公廁是我小時候的惡夢，小孩們都說裡面有鬼，又髒又黑，我也不敢去上，但我也常和哥哥、姊姊輪流去倒痰盂，這些記憶都在我腦海中，非常深刻。

年幼的羅啓蘭與母親（羅啓蘭提供）

其實，那年代的小孩，大致日子過得都差不多苦，不像現在的孩子生活多元。我們小時候，每隔一段時間，就會有人到眷村內來搭兩根竹子，將一塊布吊在兩根竹子中間，接著就放電影。孩子們通通跑回家搬板凳出來，坐在一起看電影，對我們而言，這就是最棒的娛樂。當然也會常玩過頭而被處罰，因為以前洗澡很麻煩，洗熱水澡要燒煤球，所以洗澡也是一個大工程了。可是洗完澡後，總覺得玩不過癮、還想著再跑出去和其他孩子玩，又玩了一身汗，回到家就被爸爸罰跪。

眷村可說是南北大熔爐，有來自各省的人，多數的太太都是家庭主婦，有廣東、浙江、福建等各省的太太，也有娶

臺灣原住民及臺灣當地的太太。這意味著南北菜餚我們都吃得到，縱使那年代大環境物資很貧乏，飲食種類卻很多元。眷村家庭來自各地，經常可吃到來自各省的菜餚：誰家蒸了包子、饅頭；誰家做了大餃子、大餅；誰家又燒了美味的魚、蝦、蟹，鄰里之間燒了菜會互相分享，孩子們也能吃到各家的拿手好菜。加上童年時，我有段時期身體不好，常請假在家休養，就跟著母親到各家去串門子，總覺得別人家的飯菜特別香。總而言之，雖說沒有富饒的物質生活，但這樣無私的分享，卻是很快樂的，我常想起這些時光，很是懷念。

眷村生活照集錦（羅啟蘭提供）

母親還活著時，有段時期居住在美國，真的開始要過養老退休生活的時候，她反而念想著要搬回眷村，總覺得在眷村的生活比較踏實。民國 94 年（西元 2005 年）眷村改建完

成後，房屋結構比過去好太多，早期的房舍結構真是很糟糕！直到改建時，把牆打掉我們才知道，原來牆裡全是泥巴、竹片糊成的。回想起來，那時房子很多地方都很簡陋，天花板上都是老鼠在跑，幸好以前沒漏水，否則都不曉得房子會不會垮掉。我們以前四個小孩住一間，居住品質當然是很差，但當時環境就是如此，每家都一樣，也不會覺得自己特別可憐。蔣中正時期，房子還不能蓋超過二樓，怕蓋得太高，會看到官邸、危害元首的安全。後來等小蔣死後，這些規定才慢慢撤掉，當時的人都安於現況，既然政府有這樣的規定，就規矩的遵守著，那年代也不允許群起連署、反抗，他們就是逆來順受地等啊！

▍總以為有一天能回老家

在我小時候的記憶裡，政府的政令宣導，就是我們要回大陸。所以即使有人來跟媽媽說：「羅太太，買一個什麼吧！」媽媽都說：「不要！」本省人跟外省人的差別在於，像我母親這樣的外省籍，她們比較捨得把錢花在小孩子的教育投資。即便是窮苦家庭，我們的便當盒打開絕對不會輸人家，雖然她永遠死守在那個眷區，但對小孩子的我們，總是給予滿滿的愛，且從不吝於付出。

我母親在大陸是讀師專的，到了臺灣報戶口時，她老實說師專沒畢業，這樣的學歷就無法使用，一切都得重新來過，她沒想過這會影響後面的生活。我聽過有人思慮比較縝密的，會思考坦白到怎樣的程度對自己的處境是最好的。對他們而言，臺灣只是逃難的棲身之地，哪裡會是長久深耕的地方，都傻傻地以為沒幾年就能回老家，殊不知也沒這機會了。

▍平行時空下的記憶：同為眷村子弟

　　我總覺得，眷村孩子有共同年代所創造出來的共同記憶，講到某個話題時，頻率就很相近。「哎！我住在松山那裡的眷區。」或是還有其他的地方，總是相互之間有許多交集，也常會聽到其他眷村的故事。說真的，不管背景是什麼黨派顏色，只要有類似成長經歷及居住的環境，就是比較有共同的話題。即使來自眷區的我們現已過中年，還是能記得童年時期一起長大的朋友，以及眷村裡的媽媽們、伯伯們，不管他們是來自本省或外省，都是我們記憶中最懷念且最熟悉的面孔。

　　到了中學，村子裡總有些不愛讀書的孩子，我們那時叫太保，以前我讀夜間部下課回家時，會有其他地區的小流氓跑過來對我吹口哨，講話很輕佻，我心裡當然感到害怕。我們村裡的太保就會跑過來說：「不要動她，她是我們村子的。」我其實也不認識他，但感覺就像是仗義地站出來保護你，我覺得他們那種「認為我是自己人」的義氣，是一種眷村特殊的情感。回到家後，我跟父親說這個仗義的故事，講完以後，其實也知道哪幾家的孩子是俠客，不過當父親總是不放心，爾後，他就每晚在公車站牌等我。

　　小時候，老師若發現班上同學家裡環境特別差，會適時提供他們更多的資源。老師會說：「請你們回去問媽媽，有沒有舊的，或是多的衣服，可拿去接濟需要的同學？」因為那時有些本省小孩的午餐便當比較克難，我曾看過有人只帶一條醬瓜和紅色的酸梅；不像我們外省家庭的小孩，每一個月有軍車來發放配給的糧食，相較之下便當的菜色也會比較豐富。當年共同的回憶，也包括營養口糧，一大包營養口糧中，有一包巧克力粉，我們家四個小孩，這個月是哥哥喝，

下個月輪姐姐喝，大家都把巧克力粉當成寶貝一樣珍惜。假若有同學是家境貧困的，老師也會示意我們分享給需要的同學，同時也會告誡我們不許嘲笑人家的便當。

雖然以前眷村活動的空間比較小，但我可以跟朋友到前面廣場旁的主要走道玩遊戲，這條道路就在甲種房子和乙種房子之間，而且在我成長的過程中，這條道路也從小石子路變成了柏油路。我感觸很深的是，有次我被罰跪在那裡，全村人都問：「小蘭妳怎麼了？」我告訴他們因為考壞了而被罰跪，那時候也沒手錶，所以感覺大約跪了一個多小時。後來，街坊鄰居關心的人實在很多，還幫忙跑去說情，爸爸覺得太丟人了才讓我起來，不然搞不好得跪上一整天。雖然鄰居媽媽們也時常這樣處罰小孩，但我一輩子就只被罰了這麼一次，畢竟我們家的小孩都很乖，而其他小孩則是常被爸爸、媽媽打出來後，就只能在外靠著牆，等爸媽消氣了再回去。

▌嚴父管教：飯桌禮儀不可少

爸爸管教比較嚴厲，因此沒人敢進我家前門找我。我家吃飯時，旁邊都會放一根小棍子。他管教雖嚴，但每次喝高粱酒時，都會用筷子的尾端沾一下酒，讓我姊姊吮一下；另一根筷子也沾一下酒，讓我也吮一下。當時我根本不知道為什麼爸爸只要一喝酒，就會這樣沾酒給我們嚐一下。直到我長大，跟他聊天詢問後，他才告訴我：「女孩子要有點酒量，出去才不會被人家欺負。」我的酒量大概可喝掉一瓶半的紹興不會醉，可能真是小時候爸爸訓練的吧！

父親也很重視飯桌禮儀：手不可以撐桌子；夾菜只能夾靠近自己的，不能去翻菜，也不能夾靠近別人的；碗裡還有菜，就不行再夾第二個菜，要將碗裡的先吃完，還有吃飯不

能發出聲音等，反正規矩一堆，稍微不對或我們筷子亂拿，就會被處罰，我家的父親就是很注重這些禮儀。其他人較常被罰，我是唯一可不用被罰的，因為我會氣喘，一哭就開始喘。弟弟最常挨罰，他到現在拿筷子還是怪怪的，以前他會反著去夾，爸爸就會「啪！」拿一根小棍兒出來，說：「拿好！拿好！」寫書法時，若被爸爸從背後抽掉筆，就得跪在洗衣板上寫一千次「拿筆不用力」。我印象最深刻是寫中華民國的「中」，只要稍微歪一點，就要罰寫，爸爸說：「這麼簡單的字都不好好寫。」不過我哥哥、姊姊與弟弟的書法作品，都曾送到日本比賽，還爭兩個金牌寄回來。

▍從情報局到刑事警察局的父親

父親叫羅子厚，於民國 7 年（西元 1918 年）出生，民國 71 年（西元 1982 年）去世，享年六十四歲。說實話我不確定「羅子厚」是不是他的本名，因他們做情報工作，必須被迫改名，以免牽連到自己的親人。父親祖籍湖南，他也是逃難來的，來臺後就在情報局服務。蔣中正過世後，蔣經國重用葉翔之，爸爸不是他們體系的，就把他弄到「光復大陸設計委員會」。[2] 爸爸當時在情報局的職位蠻高的，做到前一任局長的主秘位置，而設計委員會委員的薪資僅有原來的三分之二。

在不得志又心裡鬱悶的情況下，其他的叔叔、伯伯就幫我爸去找「軍轉公」的職位，也就是轉任當公務員，最後有

2　根據《戰後臺灣歷史閱覽》一書記載：「光復大陸設計研究委員會」是成立於民國 43 年（西元 1954 年）7 月 16 日，而該委員會的主要目的在於規劃反攻大陸的期程與計畫。資料來源：薛化元。2010。《戰後臺灣歷史閱覽》。p. 127。臺北：五南圖書。

機會轉到來來飯店對面的警政署。[3] 父親當時已是準少將，位階很高，他們也不能給他太低的位置，警政署當時沒有職缺，便將他轉到刑事警察局當主任秘書。

我父親寫得一手好字，當年沒有投影機，國大代表、立法委員要到刑事警察局訪視或了解案子，如：江子翠分屍案時，爸爸前一天就跪在地上一個字，一個字寫，再把它吊起來，他們坐在下面的人就可看到一張張的大字報。吊著大張的紙看起來就像簡報，真像手寫的PowerPoint。根據當時「軍職轉公職不能升遷」的規定，父親就一直在這個職位，直到他死。當年兩岸尚未開放，所以爸爸死前都沒有機會回老家。

▌置生死於日常

大舅當年帶著母親逃到臺灣，安頓好後，沒多久他又被派遣回大陸做間諜，從泰國邊界入境。大舅當時就交代同年的戰友們，以及我父親：「照顧好我妹妹，我要回去。」離開後，剛開始都還有消息傳回來，某個時間點之後就斷了音訊，那時也不能通郵，也沒辦法找，當然情治單位可能有辦法知道，但我們心裡大概也有個底：大舅再也回不來了。直到眷村將要改建時，大概民國八十幾年，母親打報告給情報局，情報局當時回了一紙證書，證書的內容就是大舅已殉職。但因大舅沒有結婚，在中國大陸的父母也已死亡，我們沒辦法幫他申請任何撫卹。如果有撫恤金，媽媽想著可以拿去幫助還在大陸的弟弟、妹妹。

像這樣的故事在村子裡實在很多，久了以後，覺得好像變成一種「日常」，沒有人會特別為此難過，或是追憶，因

3　「來來飯店」即為現今「喜來登大飯店」的前身，位於忠孝東路一段 12 號。

為太多、太多了。很多眷村媽媽都是獨自帶著孩子過生活，或聽其他情報局擔任文書工作的叔、伯、阿姨們提起，誰家的人又走了，村子裡的人就會特別設身處地的關照他家裡人。

就像我父親從來也沒和我們講過他真實的名字，直到大陸開放後，有人冒名寫信要來認親，才一點一點得知許多真實的情況。當年父母結婚的時候，我父親也沒和母親說太多細節，因為在情報局的圈子裡，太多被派回去後，就死了的，因此他的家人、親眷就可以被當作「遺族照顧」，小孩就可去就讀「華興」，眷村裡這種例子太多。

大陸開放改革不知第幾年，我媽媽才願意回去。第一年不敢去，是擔心有情報員的身分，還有哥哥到底怎麼死的，根本都不知道。她雖生下我後，馬上就辭掉情幹班職務，可我爸爸階級很高，他曾經做了什麼，我們真的不知道；也許我媽媽知道，也許連我媽也不知道。之後確認村裡真正做情報工作的人回去後都沒事，媽媽才敢回北京老家。我的小舅在北京某大學當美術教授，他太太在北京一間醫院擔任護理長。回到小舅家，他們會將一扇門的門板拆下，橫擺著讓我媽當床睡，媽媽說每次翻身都怕那門板掉下來。那時護理長一個月才一百六十八塊人民幣，小舅差不多也是一百多塊，那麼少的薪資不知怎麼活。媽媽說之前回鄉有準備金子給他們，但那時候自己也沒什麼能力可以多給他們。另外，她的妹妹嫁到徐州，到徐州看妹妹時，也帶一些禮品給他們，不過她並沒有機會回到父親湖南的家鄉。

▌晚年飽受病魔折騰的母親

父親那時臥病三年半，行為能力也慢慢消失，雖然媽媽

天天照顧他，但父親卻沒有交代後事要怎麼處理，媽媽光爲了到底是要土葬？還是火葬？猶豫不決，深怕做錯選擇會違逆爸爸的心意。當時她很有感觸地說，不要畏懼生死，該講的還是要跟孩子講清楚，所以她早在遺書上有交代。她在過世前十年就簽了 DNR，[4] 她不要施行心肺復甦術，並且自己選好墓地，自己付完錢，一切通通都弄好了，不麻煩我們做子女的。

在媽媽發病的前兩、三年我們都很沮喪，她的個性完全改變，跟我以前認識的媽媽不一樣。剛開始要去投票時，卻發現找不到她想要投的候選人的名字。她說：「我看到有一個黨徽。」她就投了。她對專有名詞看不見，尤其是人名的認知，其他字都看得到喔！譬如說「中國國民黨在士林」，她看得到「在」，卻看不到「士林」跟「中國國民黨」。她也能夠看報紙，就是內容中的專有名詞看不見，到很多醫院檢查，結果都說是老化。最後，很幸運遇到仁愛醫院神經內科的王毓禎醫生。他眞的是個好醫生，問診細心又詳細，他抓著我媽的臉說：「婆婆妳看上面、看左邊、看右邊、看下面。」接著叫我站在旁邊看，他再說：「婆婆看上面。」媽媽就沒辦法往上看，媽媽要移動到旁邊，才能把眼睛轉上去。王醫生拿出臺大醫院的報告，他說在帕金森氏症研究的表格中有十二個項目，媽媽符合了九項，但醫生說她不是帕金森氏症，而是「PSP」，全名叫 Progressive Supranuclear Palsy，就是「進行性上眼神經核麻痺」，因爲她神經元的傳導發生了進行性的疾病，所以換水晶體也沒用。他又說這個病是沒得醫，只能開一些藥，來暫緩病情。他很清楚地解釋，後續會伴隨甚麼樣的情況。王醫生人眞的不錯，我媽死了以

4　Do Not Resuscitate，不施行心肺復甦術。

後，我還去看他並謝謝他。

　　神經元原本應該連接得很好，因爲腦部粥狀化，照出來像稀飯一樣，粥狀化影響的就是專有名詞的認知。媽媽一開始無法跟病症和平相處，她原是個對事情條理分明，也是個開明的人，她很怨懟的說：「我爲什麼會得這種病？」她覺得這種疾病怎麼會找上她。那時她發覺自己突然老化得快，別的媽媽都沒有這樣，母親花了整整兩年還三年多，才接受這個疾病。她有信仰，所以不斷禱告，有時她情緒很不穩定的時候、我只好抓著她的手說：「我陪妳禱告。」雖然我不是基督徒，但我陪伴著她，跟著她搖搖晃晃的身體一起禱告，她才漸漸平靜下來。我的母親頑強地與病魔糾纏了數年，於2015年離開人世，結束她顚沛流離的一生，但她堅忍不拔的身影，會永遠留存在我的心中。

二、挺身而進爲鄰里

——王芝安

二、挺身而進為鄰里──王芝安

▌余憶童稚時：關於眷村童年

　　我是民國 61 年（西元 1972 年）出生，小時候住在忠勇新村 99 號。忠勇新村大門旁有個警衛亭，旁邊有雜貨店和賣麵的攤子，小時候我會被丟在那吃麵，因為它是村子附近唯一的小吃店。記得眷村有戶外小廣場，除了能夠交誼與資訊交換外，還會播放電影給眷村居民觀賞，當時電影多數是像《梅花》這類的愛國電影。[1] 在現今雨農路另一邊的市場，多是閩南人經營的傳統市場，會固定時間在市場前表演野台戲，像是「薛平貴騎白馬」等戲碼，戲台開演時會有攤商在附近賣一片一塊錢的烤甜不辣，相當熱鬧！但對還是孩子的我們而言，不論是《梅花》，還是野台戲的薛平貴都無所謂，我們有得玩就好。以前歌仔戲的

王芝安兒時與鄰居男孩在家門口玩耍，後方隱約可見當時眷村房舍的外觀（王芝安提供）

1　《梅花》是由柯俊雄等人主演的愛國電影，故事背景為中日戰爭末期的臺灣，劇情圍繞著幾位主角，講述他們不屈不撓的抗日精神，由導演劉家昌所創作的同名主題歌曲〈梅花〉貫穿全片，膾炙人口傳頌一時。該電影於 1976 年獲金馬獎最佳影片、最佳編劇、最佳攝影、最佳錄音、最佳音樂。資料來源：文化部官網。網址：https://event.moc.gov.tw/sp.asp?xdurl=ccEvent2016/ccEvent_cp.asp&cuItem=2303689&ctNode=676&mp=1。最後檢視日期：2019/8/13。

戲台都搭一米半到兩米高，我們會將草繩綁在戲台下，台上在表演，孩子們便在台下盪鞦韆。

眷村的小孩很多，個性又調皮，每到元宵節，年紀較大的大哥哥們就會到現在的福志公園，從前那裡整片都是竹林，所以他們會去鋸竹子，將它切成很多節分送給鄰居做火把；也會相約晚上出來冒險，一起跑到芝山岩上探險。以前芝山岩的洞天福地是有水的，而且真的有個蝙蝠洞；後來廟方整修，現在洞仍在，可是就沒有水和蝙蝠了。

王芝安與姊姊在芝山公園百二崁前合照，照片中隱約可見後方的竹籬笆與房舍（王芝安提供）

我對眷村印象極深刻的就是家庭代工，我會幫媽媽做電子小零件、布包、熊布偶、玫瑰花，或在聖誕節來臨前幫忙做些緞帶或小吊飾。當時政府的「家庭即工廠」政策，在我們眷村落實的很徹底，也確實幫助了許多居民的生計。

我在眷村出生、長大的，父母也在軍情局所屬單位任職，

但我並沒有念雨聲國小。民國 54 年（西元 1965 年）開始，雨聲國小便開放給非軍情人員的子女就讀，[2] 但因我的哥哥、姊姊都上士林國中，所以我媽將全家的戶籍遷到士林，我就被分發到士林國小就讀。

王芝安（左一）與士林國小同學於校外教學合照（王芝安提供）

我小時候不敢坐公車，怕自己不小心便搭過頭，或是萬一公車坐錯了，就不知道會去哪裡了；但走路至少知道往哪個方向，慢慢走就可以到了。國小一年級時，有一次我自己走路回家，由於士林國小有兩個門：一個面對中正路，一個是面對現在官邸的福林路側門；我當時就走側門，走到以前士林紡織廠，也就是現在燦坤的位置。我想我家是靠近中正路，所以慌慌張張想從福林路穿過稻田回到中正路上，結果

2　「私立雨聲小學」於民國 54 年（西元 1965 年）8 月移交地方政府，改稱雨聲國民小學。

不小心滑了一下，一隻腳不小心掉到田裡去，那土好深，最後費了好大的工夫才把腳拔出來，全身髒兮兮、狼狽地回家，直到現在想起來仍覺得相當有趣。當時中正路兩側：從士林紙廠到官邸，以及現在的志成公園周圍，整個都是稻田，而雨農路兩側則是種了許多芭樂樹。

我們眷村的人都很敦親睦鄰，不管煮什麼大家都會分享著吃。以前會用炭球蒸煮粽子，媽媽們會坐一排包粽子，大家都覺得這是件大事，一次包的量很大，需要煮整個晚上，真的很好玩。我媽擅長包粽子、包子，外省媽媽好像都會，我不曉得為何她們都這麼厲害！可能因當時有配給麵粉，鄰居間會互相學習，大家就都會做這些料理了。從前每個眷戶都會拿到一張單子，上面寫著你幾戶、幾口，要剪幾個洞兌換米和沙拉油；至於麵粉不是整袋包好的，而是直接用瓢子挖。我覺得以前眷村生活很不錯，大家的關係很緊密，感情也很好。

▍臺北市中山北路：閩南與外省的楚河漢界

據我所知，以前閩南漳州人到士林，落點大概有三個：一是岩山里的曹家，另一個是高島屋附近的蘭雅賴厝，最後則是後街的神農宮周邊。以前芝山岩周邊根本沒有多少建築，都是稻田以及小小的村子與聚落。當時未開發的原因是這塊土地的地質比較軟，芝山岩周邊會因為陽明山上的水，流下來碰到砂岩層就冒出來，因此難以建設，[3] 而蘭雅早期被稱作「Lam'a」，即閩南語的「泥土地」的意思，也是因為土質的關係。但這裡的水質乾淨，非常適合種筊白筍，所以

3　芝山岩是安山岩，地質較硬，水無法穿透，因此會沿著芝山岩周邊地質較軟的砂岩層冒出地面，因此陽明山山腳有很多湧泉。

當地居民多以務農爲主。

軍情局選在這落點，我個人覺得是爲了避免對當地居民衝擊太大，所以需要先確認這個地區的衝突性較低，且因爲軍情局的工作內容具有高度機密性，地點的隱密性也要納入考量。軍情局的地原屬於臺大，是臺大接收日本帝國大學的預科學院校地，後來官邸、軍情局等政府機關在此設置，周邊才漸漸有了眷村聚落，安置隨軍隊從大陸來臺的家眷。

中山北路就是閩南人跟外省人最大的分界，中山北路左側大都是閩南人，像士林夜市、慈誠宮、神農宮等區皆是。而官邸和所有眷村都安排於中山北路右側，沿著中山北路五段往北到忠誠路，幾乎全部眷村都在東邊。例如，忠義新村、雨聲新村和慈祥新村等皆在這一側。[4]

芝山岩山上有很多設施，根據劉益昌老師的說法，山上有一座砲台，它是抛物線狀的打法，所以敵人若眞的打到軍情局附近，至少有個砲台可以打敵人。雨農市場後面還有個砲台，現在還可以看到痕跡：一個大斜坡，中間有條溝可以把砲拉到屋頂。當時周邊區域尚未開發，全是稻田，所以這門砲可以打到關渡及淡水河口。連雨農市場都是因應眷村需求蓋的，市場大概民國60幾年就成立了。如果觀看民國64年（西元1975年）的航照圖，顯示的幾乎是稻田或眷村，再來就是市場，另外還有少數的閩南建築。

我聽劉益昌教授與陳儀深副教授說過，[5] 有段期間芝山岩

4　情報局眷屬在士林的眷村有：雨後新村、芝山新村、忠勇新村、慈祥新村、岩山新村、忠義一村、忠義二村、忠義三村、懷仁新村、雨聲新村、光華新村。

5　陳儀深曾於西元1988年至2019年間擔任中研院近代史研究所副研究員、研究員，後於西元2019年7月出任國史館館長。資料來源：國史館。2019。〈現任館長〉。網址：https://www.drnh.

進行市容改造，路旁亂搭建的草茅棚都要將它拆掉，修配所要搬出，[6] 他們當時為整理日治時期和國民政府時期的文物做了不少研究，例如：芝山岩是第一個推廣日本國語文運動的據點。日本統治以前幾乎沒有設置學校，多是私塾，芝山岩有個潘姓家族設立的私塾。一開始日本國語文學校是預定選在大稻埕設立，但反彈聲浪極大，之後才選芝山岩作為創辦第一個學校的地點。我想日本政府的目的也是降低衝突，先選擇在較偏遠的地方，再慢慢拓展。

但是閩南人並沒因受日本教育而和日本人互相融合，有很多故事可考，像日本老師六氏先生被殺的事件等。早期族群到異鄉求生存都有分地盤群聚的現象，就像板橋林家是漳州人、龍山寺是泉州人的據點，皆以家族為單位，盤據成地方勢力；為了爭奪資源，也有著相當多的械鬥。從訃聞中就可看出這個家族與地方的關係，我還蠻喜歡看公祭的訃聞，從誰幫誰擔任主任委員，裡面誰歿、誰沒歿、誰是他的公姑嫂媳，都可從中看出家族的勢力範圍。

▎不能退讓的堅持：推動芝山岩景觀管制

我對於辯論各種議題都不排斥，也不怕別人罵我，像是芝山岩景觀管制，[7] 人家公然侮辱我，里民們都說可以告他們

---

gov.tw/p/412-1003-190.php?Lang=zh-tw。最後檢視日期：2019/8/13。

6　負責維修軍情局車輛、機械的單位，位於現今的芝山岩停車場與考古探勘遺址。

7　西元 2016 年臺北市都發局提出的「芝山岩周邊景觀管制計畫」（草案），預計對周邊建築進行高度管制，讓芝山岩不至被淹沒在水泥叢林中。資料來源：環境資訊中心。2017。〈限高護景觀等於侵權？芝山岩管制限困局 居民要柯 P 表態〉。網址：https://e-info.org.tw/node/205079。最後檢視日期：2019/8/13。

公然侮辱，但我認爲怎麼讓他們清楚理解我們的堅持，才是唯一目標。

說實在我們當時主張管制，並沒有以反對都更爲目的，我們其實是爲了幾個案子而堅持：主要是至誠路的太子華威，要蓋在芝山岩與陽明山這生態廊道間，周邊多爲二至三樓平房；一個是惠濟宮廣場前財政局跟私人合辦都更都要蓋十九樓建築；另一個是雨農市場附近要蓋三棟二十一樓的建築，原先還規劃蓋成二十八樓。每當有跟我們社區相關的案子，我都會親自去聽都審的委員講什麼，因爲委員們都很專業，常聽他們講，慢慢就會累積自己對政策的思考。

例如雨農市場更新的案子，建商想將市場用地更新獎勵容積，我印象中大約是 325% 能變更成 450% 的商業用地。因建商想依天母家樂福或早期天母誠品商場模式，建設爲二樓開超市的住商混合大樓。但如此一來必須依規定回饋 30% 的土地或代金給政府，部分地主覺得比例過高而不同意，市政府則表示依法規提高開發強度的前提就是要回饋 30%，否則就不能申請。[8]

8　容積率是指建築物地面以上各層樓地板面積之總和與基地面積之比率。〈都市計畫法令〉有規定基準容積率，但根據內政部營建署公布的〈都市更新條例〉，若達成綠化建築、無障礙空間等條件，地方政府可以增加該建案容積率作爲獎勵。此外根據規定，都更建商須捐贈一定比例的土地或代金給地方政府，作爲公設建地或都更基金。資料來源：內政部營建署網站。網址：https://www.cpami.gov.tw/%E6%9C%80%E6%96%B0%E6%B6%88%E6%81%AF/%E6%B3%95%E8%A6%8F%E5%85%AC%E5%91%8A/28-%E9%83%BD%E5%B8%82%E6%9B%B4%E6%96%B0%E7%AF%87/10329-%E9%83%BD%E5%B8%82%E6%9B%B4%E6%96%B0%E5%BB%BA%E7%AF%89%E5%AE%B9%E7%A9%8D%E7%8D%8E%E5%8B%B5%E8%BE%A6%E6%B3%95.html。最後檢視日期：2019/8/13。

市場用地不能分割，大家的地權綁在一起，建商想將市場那塊平地藉由改成商業用地，來進行土地分割重建。一旦土地能分割，建商就有機會分化地主，主導開發。市場去年12月都更獎勵效期到期，如果沒開工，申請就要重來，[9]建商跟部分地主很恨我，聲稱是我搞砸的。突然間我被變得很偉大，建商也在地主更新說明會放上我的照片，也會跑來跟我說我媽媽買菜多辛苦，如果不趕緊將雨農市場改建，她去買菜還要跟著違法的攤販一起躲警察。事實上這案子會被搞砸，是部分地主太貪心，又要提高容積改商業用地，又不同意回饋30%的規定，他們在都市設計審議時提出反對意見，被當時主持會議的臺北市林欽榮副市長駁回，並小小訓斥一下局內工作人員，提醒他們應該事前協調好且讓地主知道法規後再進行程序與審議。

　　我們主張景觀管制政策時，有到市場商家與路邊攤進行田野調查，在民國101年（西元2012年）田野調查的過程中，我了解到周邊鄰居及攤販對都更的想法。我們並非過度理想化的要發起士林區的景觀管制倡議，我們僅僅是為了這幾個衝擊較大、具急迫性的案子，想爭取市府重視與提出並存辦法。例如太子華威一案就是因為市府無法及時處理，以致建案已經完工，而它對芝山岩與陽明山之間的住戶與生態廊道造成的衝擊是大家有目共睹的。雨農市場建商想興建的大樓

9　〈臺北市都市更新自治條例〉第十九條中提到，依都市更新條例第十一條自行劃定更新單元，擬具事業概要者，自事業概要核准之日起，一年內提送事業計畫者，給予法定容積百分之七之獎勵容積。若無法在一年內提送，容積獎勵會遞減。資料來源：臺北市法規查詢系統。2014。〈臺北市都市更新自治條例〉。網址：https://www.laws.taipei.gov.tw/lawsystem/wfLaw_ArticleContent.aspx?LawID=P13D1001-20140206&RealID=13-04-1001。最後檢視日期：2019/8/14。

戶數最大規模時擴增到五百四十戶，跟現在的戶數對照實在太誇張了，我想周邊住戶如果知道這個事實並能理解的人，都會想抗爭，因為對這個區域的交通、生活環境等影響很大。

▌穿越黑水溝的小兵：我的父親

我爸是民國 19 年（西元 1930 年）在四川重慶出生，家裡除了他，還有哥哥和弟弟。我家本姓楊，我大伯還姓楊，但祖父在爸爸五歲以前就過世了，奶奶改嫁給一個姓王的，所以在我叔叔還沒出生前，奶奶就讓爸爸認姓王的做父親，所以我們家才姓王。那時候他們生活很苦，爸爸有做過挑飯、搬石頭、捲衛生紙、捲菸等工作。

聽爸爸說他有念到小學，可後來開始打仗了，便沒機會繼續讀書。為了餬口飯吃，當時在四川美軍聯誼會當服務員的大伯，安排爸爸頂替一個已經過世的盧茂蒼中士。[10] 雖然那年代的軍閥，隨時可以招收或抓一些年輕人去當兵，但四川營區不行，規定要有軍階才能進裡面工作，所以爸爸在沒有軍人身分的情況下，只能冒名頂替。一開始他在廚房當伙夫，那時才十四、十五歲，剛當兵沒多久就抗日勝利；他本來可以回家，但返家後發現奶奶養不起他，就決定跟著軍隊離開四川，前往南京。到南京當兵也很辛苦，因為年紀小、受不了軍方的管理，本來想跟一名中校逃回四川，卻在半途發現忘了帶走當時很有名氣，且花他一個月薪水買的布鞋，因為捨不得就只好拐回去拿，結果天就亮了，也就走不了了。過了兩天、三天，便無預警地上船來到臺灣，那時是民國 37 年（西元 1948 年）。

---

10 因受訪者不確定該中士的姓名寫法，故「盧茂蒼」三個字為音譯。

我爸屬於沒有經歷過打仗的兵，他們是來臺灣探路的先遣部隊。當時年紀還很小，不清楚是因爲軍隊編制，還是上面有公文下來，他們才要到臺灣。只記得跟著這個軍隊從基隆上岸，爲了要找適當的據點，所以住過臺灣很多地方。由於我爸是一個人來臺灣，沒辦法配眷舍，一開始住在芝山岩山腳下，他們都是茅草搭篷，所以又叫茅棚草大隊。當時如果是單身、沒有父母、子女，軍方是不配眷戶的，我爸也並非情報員，因爲戰爭與窮苦而因緣際會跟著軍隊，一個人就這樣離鄉背井到了臺灣，一住就是一輩子，八十八歲時因癌症往生。

　　來臺灣後，因爲大家都沒有證件，只好用口述的方式辦理戶口名簿。我這有媽媽那邊的戶口名簿，他們是一家人來臺，然後口述民國幾年從上海如何來臺灣，跟誰來，叫什麼名字。以前我媽小名叫蔡毛毛，戶口名簿上眞的寫過「毛毛」，後來才去釐清更正是叫「蔡祖燕」。[11] 當時的政局太亂了，戶口名簿說劃就劃、想改就改，都可以看到有劃掉又塗改的痕跡。媽媽本是江蘇人，根本不是上海人，但是經歷太複雜了，而且會擔心「匪諜就在你身邊」。我外公好像也是軍系的，在國防部上班，名字通通都是假的，都不敢用眞名，像軍情局局長毛人鳳，本名也不是毛人鳳，但他本名叫什麼？沒有人知道。[12] 我爸沒有身分證明，來臺時報自己叫什麼，戶口名簿上的名字就是什麼。我爸小兵當久了，也不

11　關於蔡祖燕的故事，請參閱本書「竹籬笆內的百合──蔡祖燕」篇章。

12　毛人鳳（1907 年－ 1956 年）爲軍統局（即情報局前身）第二任局長。軍統局改爲保密局，毛人鳳續聘爲保密局局長。西元 1955 年中華民國情報機構重新劃分任務，保密局改組爲「國防部情報局」，毛人鳳爲首任（1955 年－ 1956 年）情報局局長。

是正統軍校出身，沒法升到上尉或中尉，退休給薪就有問題，政府為了要制度化，就新增一個職位叫「士官長」。原本正統陸軍官校是沒有「士官長」這個職位，這也是為什麼後來很多老兵都被稱作「士官長」的原因。

我聽說過一個寫老兵故事的論文，描述老兵跟本省婦女的婚姻關係都多是老少配，是因為當時有所謂的「禁婚令」[13]。 我爸說以前元旦時，都會聽到蔣中正總統說：「今天是中華民國該死的一天，也是完蛋的日子。」但其實是：「開始的一天，也是元旦的日子。」因為他鄉音很重，就把他當笑話講。同時每次致詞結語時都會說：「明年我們去南京辦國慶。」每次都是這樣，就是給他們一個夢，說會反攻大陸，因此這些蓋在軍情局周邊臨時性的房舍，都只是大家暫時的棲身之地，就沒有特別想去修建或置產。那時中日剛交接完，不只戶籍登記亂，日本人從閩南人手上奪取的財產、土地，歸還給中華民國政府的過程也很混亂。我們都開玩笑地說，如果當時我爸隨便在天母圈一塊地，現在就發財了。

提到住房問題，我們眷村面臨改建的過程也遇到一些爭議，[14] 外人不理解這群人所承受的，只認為我們是既得利益

---

13 為了維持軍人在「接戰地區」沒有後顧之憂，政府於西元 1952 年頒布《陸海空軍軍人婚姻條例》，實質限制了在臺灣的單身軍人（特別是低階士官兵）結婚的可能，也就是所謂的「禁婚令」。西元 1959 年後，「禁婚令」逐漸解禁之後，這些人等於是被迫晚婚。

14 政府為整頓收回眷地，改善眷戶居住環境，透過讓眷戶合法承購、取得產權，於民國 69 年 5 月 30 日訂頒〈國軍老舊眷村重建試辦期間作業要點〉，因法令未臻周延，致部分眷村及散戶無法案理改建，復於民國 85 年 2 月 5 日經立法院三讀通過後由總統公布〈國軍老舊眷村改建條例〉。雨農山莊即為民國 94 年忠勇新村及雨後新村改建之住宅。資料來源：國軍退除役官兵輔導委員會網站。網址：https://epaper.vac.gov.tw/zh-tw/

者。事實上眷村的這群人曾經歷過，為了讓政府製造子彈，家中所有鐵製品都要捐出來的時代。在那反攻大陸的年代，一心只為反攻大陸，未進入建設臺灣階段；到陳誠當行政院院長的時代，[15] 政府才覺悟反攻大陸無望，臺灣才真正被當作落腳之處，開始要建設臺灣，接著蔣經國時代即展開十大建設。在這之前，所有資源都是作為打仗使用，所以政府也拿不出錢給這些兵。當年軍人的薪水只有十七塊，連基本生活所需都無法維持，軍方才發眷糧，依照家中幾口、幾人，配給油、米和麵粉，至少不會餓著，但也不會有錢。眷村改建時，許多人誤認為我們可以免費取得房子，憑什麼呢？事實上，眷戶是要自己拿錢出來買房子，政府是補助方，只是補助很多，然而回想這些年離鄉背井，為戰爭犧牲流離失所到臺灣的軍人，什麼也沒得到，配房充其量也只是補償罷了！我必須承認，其中仍有些軍人利用特權，在眷村改建裡偷渡自己的利益，而玷污了這整個計畫的初衷；但拉開整個歷史脈絡，眷改條例座落的點，只是時代轉折的摺頁。

我們眷村本來計畫改建只需三年就可以搬回來，可是第一個建商倒了、跑了。我們只能在外面多住三年才搬回來。記得有一次在泰北高中開說明會，鄰居叔叔、伯伯有的拿拐杖來參加，有的已經往生了，很心酸感傷。在我們爭取租屋補貼和房子修繕等維護權利的過程，大約民國 93 年、94 年（西元 2004 年、2005 年）左右，民進黨連任執政，他們的態度就是：你是既得利益者，你本來都沒有房子，給你在臺北市這麼好的房子，價值那麼高，我們還補助你 60%，你們還那麼計較！我覺得政府缺乏比較開闊的歷史角度看待人民

C/103%7C1/7688/2/Publish.htm。最後檢視日期：2019/8/14。

15　陳誠（1898 年 –1965 年）於西元 1950 年上任行政院院長，開始推動三七五減租、耕者有其田及公地放領等政策。

與政策。

其實眷村的軍人，很多像我爸這樣因為窮而被送到軍隊，因為戰事頻繁，非常缺兵，我甚至聽過有的人只是去買個東西就被抓去當兵，當然也有一些人是基於愛國心。我曾訪問了幾位里民，有的是八歲就變成抗日小英雄，他們真心覺得要愛國、要報效國家，便加入了軍隊，所以他們對國家的認同感很深；也有的是被訓練當情報員，當時情報員就只有活著進去，沒有活著出來的，因為知道秘密太多也有危險，或為收集情報被送到緬甸邊境假結婚等，都是出生入死的工作。

當初爸爸會進軍情局，是因為有個長官叫他去的。爸爸十六歲來臺灣時，因為活潑愛玩的個性，就學會開車，因為情報局毛人鳳局長的太太是四川人，想找個四川人當司機，長官便推薦我爸爸去，於是他就當上毛人鳳家的專屬司機。

在毛家擔任司機的期間，他就住在蔣中正也住過的臺北賓館，[16] 因為裡面有幾間房是給司機作為宿舍使用。他說以前當司機，隸屬於侍衛隊，很多人想面見長官時，都會給他們好處，因為要知道拜見的長官是否在家？什麼時候會在？這些事情司機最清楚。他們會告訴求見者：「你幾點來會遇到」這類的資訊。

我爸是個樂天知命的人，工作也很單純。他的回憶中都是好玩又有趣的事，譬如他在十五、十六歲就會打撞球、看電影，因為他覺得經過國共內戰那一段辛苦的歲月，來臺灣當了兵，至少生活穩定，也就覺得很滿足，所以對生活的滿

---

16 臺北賓館是位於臺北市博愛特區內的官署建築，目前門牌號碼為凱達格蘭大道 1 號。最初為臺灣日治時期的總督官邸，現為中華民國的國家招待所，由中華民國外交部管理使用，專門接待國賓或舉辦慶祝活動。

意度很高。擔任毛家的司機後，有一次在中山北路出車禍，他很緊張，警察來處理時，就問他住哪？我爸回說：「我住在臺北賓館。」警察就說：「那走吧！」他自嘲說有點像狗仗人勢。當年他很年輕，也不是故意的，警察一聽他住那裡就放他走，讓他很得意，感覺有點跩。

毛人鳳死了以後，長官就推薦他進軍情局，學開交通車，最後成為交通車司機。軍情局的交通車是早晚班，我爸早上要接大家上班，中間空檔就常常去吃飯或打麻將，下午再繼續值班。軍情局規模大，交通車有幾十台，會有憲兵出來指揮，也有自己的修配廠，但如今修配廠已拆遷，現今只剩一個考古遺址的透明玻璃屋在原址，[17] 以前那整區都是汽車隊，這也是為什麼現在芝山岩下、至誠路對面開了那麼多私人的修車廠。

以往很多生活的細節，老一輩的人想到覺得苦，就不想多講。我們這邊很多老一輩的媽媽，也曾在上海當過情報員，過來後她們都還是堅持「不能講」，因那時當兵或情報員，如果在大陸被共產黨抓去勞改，回臺灣就會被關在金門或澎湖，直到確定沒被洗腦才可以離開。當時社會的「保密防諜」意識很強，在威權的統治下，不僅是本省人，就連小兵也都生活地戰戰兢兢，充滿著壓迫感。他們心中還是會害怕，所以很多過往事蹟在採訪時，問不出來。

我爸媽在民國 54 年（西元 1965 年）結婚，是透過同在軍情局擔任汽車隊的姨丈認識的。結婚後，經由長官介紹下，頂下了忠勇新村的房子，他們就搬進眷村。我爸蠻活潑愛玩的，也有玩得本事，主要是品嚐美食和打牌，例如，在中午時段找汽車隊的同事，一起吃個小吃、喝個小酒。為了養家，

17　該透明屋稱之為芝山岩探勘展示館。

老爸白天開交通車，晚上還去看夜、當警衛，相當辛苦的把我們四個孩子拉拔養大，讓一家六口過穩定日子。我想：常與朋友聚會、樂觀過日子，還有老兵求生的人生歷練，就是讓他過得健康開朗且長壽的原因吧！

▍走在石子路上：我的求學與抗爭

我小學畢業後，就讀士林國中，接著上復興高中、然後到輔大，後來到德國留學五年。在出國之前，我的工作常常是在抗爭與進行政治協商，或者像九二一大地震到組合屋駐站，以及偏鄉地區的田野工作。我會參與反對實施新自由主義以後的組織再造、彈性化、委外化、去任務化的抗爭，像是學校開始搭配組織再造進行改制，我所屬的學校護理人員協進會成員將會被改制，他們認為學校護理人員並不是學校必要的人，要外包給醫院、要組織精簡，還另外設副校長，以及下面的教職要採取新的管制措施、彈性用人。那段抗爭的時期持續了很久，記得是從民國 88 年（西元 1999 年）到民國 93 年（西元 2004 年），是一個「校園預防保健照護」對「學生健康醫療商品化制度」的抗爭，要參加無數場公聽會辯證理論、要爭取家長社會認同，還要遊說立委立法。

民國 88 年（西元 1999 年）開始實施〈行政程序法〉後，[18]公務人員要「依法行政」，法規要有法源依據，於是我們判定要保障校園健康照護體系，就必須推動落實〈學校衛生法〉。其中的過程真的很辛苦，要影響立法院「教育及文化」與「社會福利及衛生環境」兩個委員會召委的意向與支持，這樣才會被排入議程，也要隨時掌握會議流程，同時要讓過半數的立委出席開會，符合以上各項條件，才能讓法案順利

---

18 該法於民國 88 年 2 月 3 日公布。

通過。當立委選舉時要造勢，我們就要派遊覽車帶人去現場揮旗，讓他知道我們支持他；若立委未到場開會，我們組織裡的校護姊妹還會到機場專車接送，從地方陪委員到立法院開會。經過組織團隊的努力，〈學校衛生法〉才終於推動成功，「學校應置護理人員」這件事才能獲得一個有母法依據的保障。經過這件事後，我覺得累了，所以才決定出國念書。

▌為推動新的認證制度再起抗爭

從德國回臺灣不到一個月，我之前待過的中華民國學校護理人員協進會便換了理事長，該組織中間經過兩件大事：一是屏東縣將有護理師資格的校護以護士任用，變成所謂的「高資低用」。法律是規定有護理師執照，就要依護理師執照任用，因此協進會便組織抗議行動。另外，現在護理專業發展多是由臺灣護理學會或公會主導，而協進會成員覺得社區護理或學校護理也都應該要參與，並透過自己的專業進行主導以及應該具有詮釋權，讓各個次專科可以百花齊放，而不是由一個以臨床為主的霸權主導。醫事專業的定位是跟職業執照認證權綁在一起，因此校護協進會想發展自己的證照認定制度。我回臺灣後，就跟當時的理事長推動並促進會員認同發展自己的認證制度，最後並沒有太成功，因為當人們於職場上覺得自己已經穩定後，便不想再花力氣走進學術界，去創造一個新的認證制度，他們也會擔心這個新的認證制度會變成另一種牽制。民國 99 年（西元 2010 年）我回到臺灣，在協進會待到民國 103 年（西元 2014 年），後來因為選上里長，就慢慢比較拉開跟校護組織的緊密工作關係，回到臺北。

回臺北後，參與芝山岩景觀管制的幾個案子。其中岩山里的太子華威建案最為急迫，周邊居民也最積極參與。在民

國 103 年（西元 2014 年）選舉的前一年，我們本來爭取到
這邊蓋房子都要經過都市設計審議，也就是房子雖沒有強制
法規要求限高，但要經過都市設計審議委員會，委員則會要
求配合芝山岩的自然景觀進行管制，這是市府在民國 102 年
（西元 2013 年）11 月公告的。[19] 但現在座落在至誠路一段的
太子華威案卻仍然通過建照，我跟居民現在還在跟市府打行
政訴訟，我覺得自己可能是磁場問題或是命運的安排，好像
每個工作都在抗議，期望這些帶著苦澀的豐富人生經歷，最
後能成就一些大事。

▋為理念競選的軍情局子弟：我當里長的理由

　　為什麼我要去當岩山里里長？雖然表面上我是空降的，
但根據媽媽家的戶口，民國 38 年（西元 1949 年）就住在岩
山里，我姨媽們也都在那邊開小吃店。我們搬出來這麼多年
還選里長，是希望將他們（建商和市府）的動態掌握在手裡，
才好隨時準備監督、抗議。因為都市更新會通知里長，其實
是希望里長公告里民，但現在里長因為不懂、不在乎，且對
環境保護也比較冷漠、沒意識，所以一般居民不會收到這類
資訊。但我跟其他里長不同的是，我能跟當地居民一起監督
政府、共同保護芝山岩生態景觀，這是我能選上的原因之一。
其次，我也是在地的軍情局子弟，里民多數是軍公教，對我
有認同感。我媽在芝山岩底下住過，也擔任過情報局所屬芝

19　臺北市政府於 2013 年 11 月公告，表示「芝山岩遺址周邊地區
　　建築申請案，須經『臺北市都市設計及土地使用開發許可審議
　　委員會』審議通過，始得申請建照」，但市府卻要在芝山岩
　　惠濟宮前蓋 19 樓的市府財政局。資料來源：風傳媒。2016。
　　〈拒蓋高樓！芝山岩居民批北市府以都更之名破壞景觀〉。
　　網址：https://www.storm.mg/article/113178。最後檢視日期：
　　2019/8/14。

山托兒所的教保員；我爸在軍情局開交通車，認識的人不少，因此很多人都認識我們。

我參與競選的過程跟其他人不太一樣，有一點點由下而上的感覺。我是在部分里民共同討論後決定參選，所以大家會主動出錢、出力，並且幫我拉票；我則挨家挨戶登門拜訪，宣講我的理念。岩山里很多地方還是比較傳統、一戶一戶的，按門鈴都會開門，讓我能與他們聊天，進而爭取他們的認同。因此，競選過程中並沒有花太多錢，大約六千七百元，除了印文宣與兩件背心，沒有旗子跟布條，也不用太多花招。

年輕人當里長有個好處，就是沒有參與父母那一輩的恩怨。父母、親戚可能多少跟鄰居們有過小摩擦或不太合，我們年輕人都不知道，也不在意，所以跟鄰居也甚少糾葛。像我在外九年回來，有些鄰居媽媽的名字我都叫不出來，但彼此互動還是很親暱，所以我沒有將里民劃分「對手」或「自己人」的概念，也沒有捲入他人的裙帶糾葛，我對大家很公平且親切對待，對每個里民都一視同仁。

▌認同與願景：眷村的未來在何方？

擔任里長前，我在外住了九年，過去對士林的感覺就是我家在這有間房子，回來要住在這裡，並沒有很深的認同感；房舍與家的概念很空洞，也沒有什麼歷史感與歸屬感，我想這也是一般時下年輕人或北漂、外漂等移居工作者的感覺。不過，由於我是眷村出身的，還是有點不一樣。這大樓化的眷村，鄰居之間會舉行聚會，到樓下聊聊天，因為大部分的人以前就認識，也會常常互動。但新搬進來的人就與我們真的有隔閡，我覺得因為是眷村組成的社區，情感的維繫上還是蠻好的，但是當外來人越來越多時，可能就會越來越冷漠。

當里長前，頂多就是對眷村有情感；當里長後，爲了支持一些文化資產的保護行動、爲了讓大家了解「限高」的意義，我還去做文史與生態調查。以前我對昆蟲、鳥類、青蛙，根本就不想碰，後來跟生態綠園合作，發現若連我自己都不關心或不喜歡，大家更不會把這些當作重要的環境因素，於是我便開始著手調查。調查動物跟昆蟲之後，發現棲地對牠們與對身爲人類的我們來說都很重要，很多生物科技的研發，都是靠生物變種後產生的能力來發展，但沒有棲地就沒有生物，於是我便開始關心有沒有乾淨的水源、有沒有綠地，這些都與生態的保存息息相關。因緣際會下就開始加深對士林的認同感，覺得士林是臺灣數一數二居住環境較好的地方，文化底蘊也蠻深遠的。我覺得市政府在臺北市開發觀光資源，士林應該是最好、最值得的開發的璞玉。士林不像大稻埕是一個區，它是一大片，有很多歷史軸線，像日治時期軸線有士林公學校、士林公會堂、芝山岩神社參道、圓山水神社等；國民政府軸線包含官邸、軍情局與芝山岩上的軍事設施遺跡、中山堂、美軍宿舍等；閩南漳泉軸線則有三座古蹟宮廟：慈誠宮、神農宮、惠濟宮，再加上故宮、臺灣傳統藝術中心等國家級的藝文單位，都可以看出士林在文史上面的豐富性。

　　一個地點或區域的歷史意象要怎麼被營造？就拿雕像來說，像布拉格的老橋兩側上的雕像，[20] 分別代表著不同世紀的人，橋上同時記錄著他們的事蹟。而且布拉格老橋的雕像不僅有統治者，還有詩人、聖人等；反觀臺灣，多爲佛像或很政治化的蔣中正銅像或孔子雕像。我一直覺得臺灣如果要讓年輕人認同，不只是單向「剷除老蔣的雕像」這種充滿政

20　在布拉格查理大橋的欄杆上，共有三十尊雕像。

治操作的行動，而是要更進一步思考如何讓人們經過一個地方時，能有一種比較具意象性的設計，促使人們想去理解這個地方的歷史。臺灣的歷史文化常常在不同統治者的抹滅或操作下，變得很扭曲，像雨農路原本是芝山岩神社參道，國民黨政府一來多數被摧毀，現在我們主張要恢復參道意象還會被部分居民罵，說我們是日本的亡國奴，被寫黑函威脅。

我覺得地區文創與活化必須要搭配社區認同與歷史，而不是脫離地區歷史脈絡的創意商品在文化區販賣就叫文創。我們現在透過口述歷史調查，去進行考證的工作，雖然很困難且很慢，但仍然是很根本的慢工細活，透過庶民經驗的整理，才能發展出互為主體的社區認同與活化的文化活動。

落實大學社會責任

落實大學社會責任：雨農山莊社區活動

人與人之間的互動是什麼呢？

忙碌的現代人，似乎漸漸忘卻那份人與人相處的純粹。

於是，我們致力於找回那份初衷。

　　東吳大學人社院 USR 團隊第一期種子型「留住歷史的記憶——士林眷村文化保存與展望」計畫，主要的活動場域在雨農山莊以及其周邊地區。雨農山莊是由「雨後新村」及「忠勇新村」兩個軍情局眷村改建而成：雨後新村是軍情局的第一個眷村，為當時的保密局自建之眷舍；忠勇新村則是蔣宋美齡夫人所主持的婦聯會所籌建的眷村。東吳大學 USR團隊在雨農山莊與社區居民有緊密的互動，也建立了良好的

關係；此外，社區管委會也是本團隊的最佳合作夥伴，更是學校與居民間的橋梁。兩年來 USR 團隊規劃許多手作活動，像是與跳跳小麥工作坊、大願文教基金會等校外團體合作，舉辦多次以「園藝治療」為主題的活動；此外，團隊也舉辦「眷村與大學——生命故事座談」、「社區卡拉 OK 大賽」以及「眷村美食分享」等活動，同樣受到社區居民的熱烈歡迎。

在活動進行的過程中，團隊成員漸漸發覺社區長者們在物質上並不缺乏，但心中有時卻充滿難以言語的空虛感。東吳大學 USR 團隊所舉辦的社區活動，恰巧能填補這份空虛；我們用愛與真誠，一起陪伴每位來參與活動的住戶，一起找回人與人相處的那份純粹。

▌園藝動手做

活動時間：107 年 06 月 16 日

實踐場域：雨農山莊社區 B 教室

活動講師：葉淑玲 老師

活動類型：大學社會責任計畫在地關懷系列活動（一）

主辦單位：東吳大學人文社會學院 USR 計畫、雨農山莊管
理委員會

協辦單位：跳跳小麥手作坊

　　園藝治療，是一種輔助
治療專業，主要是透過園藝
活動，發揮植物的療癒力
量。在園藝治療師的引導之
下，學員藉由實際接觸和運
用園藝材料，維護美化植物
或盆栽、庭園，從而達至治
療目標，例如紓解壓力、復健心靈、促進社交、情緒、小肌
肉訓練、認知訓練、專注力恢復、精神健康等等好處。[1]

　　本次園藝動手做活動邀請東吳大學社工系校友葉淑玲老
師到社區，教導社區居民一起動手做植栽。活動期間，團隊
成員依循著老師的指導，協助社區長者完成水苔球的製作，
同時也藉此機會，讓團隊成員對社區的長者有更進一步的認
識。

1　馮婉儀。2014。〈園藝治療──種出身心好健康〉。香港明報。
　　p. 12。

葉淑玲老師使用黃金葛與虎尾蘭搭配製作水苔球，除了美觀好看，且具療癒效果，更重要的是還能清淨家中空氣，是相當好的居家植物首選。

　　參與活動的長者們很滿意自己的作品，對於他們來說，從植物身上可以找到過往生活的影子，因為在士林尚未開發之前，四周都是稻田；從工作崗位退休之後，許多長者也選擇在家裡種植花草。

　　活動最後，許多居民也上台分享當天參與活動的心得。每個人臉上都掛著笑容，開心地回家。

大家一起手工肥皂 DIY

活動日期：107 年 08 月 18 日

實踐場域：雨農山莊社區 B 教室

活動講師：葉淑玲 老師

活動類型：大學社會責任計畫在地關懷系列活動（二）

主辦單位：東吳大學人文社會學院 USR 計畫、雨農山莊管
理委員會

協辦單位：跳跳小麥手作坊

　　此次「手工皂 DIY」活動總共有四十位社區居民一同參與製作。市面上清潔用的肥皂如此之多，如何才能使用到天然、無毒的肥皂呢？活動一開始，葉淑玲老師首先向社區居民講解手工肥皂的製作步驟，並向爺爺奶奶們介紹如何挑選原料，以及不同的原料所達成的效果也不盡相同。透過老師詳細且耐心的解說，居民們對於手工皂的製作有更進一步的認識，同時也鼓勵爺爺、奶奶們在空閒時間，能與三、五好友相約一起 DIY 做肥皂，除了能聯繫鄰里之間的感情，更能達到環保的目的。

　　本次活動也有東吳大學的學生協助參與的長者，在手工肥皂製作的過程中，不時會聽見同學與社區長輩的歡笑聲，這樣的陪伴與互動，撫慰了某些獨居長者的內心。但收穫並非是單方面的，對於學生來說，長者累積多年的生活智慧，也會在活動進行的過程中體現出來，他們會出聲提醒和指導學生。參與此活動的每個人，不僅可以了解有關肥皂的專業知識，學習分辨天然手工皂和市面上販售的化學皂之間的差異，更可以透過活動，建立青年與長者的鏈結。

防蚊大師—防蚊液 DIY

活動日期：107 年 10 月 27 日

實踐場域：雨農山莊社區 B 教室

活動講師：葉淑玲 老師

活動類型：大學社會責任計畫在地關懷系列活動（三）

主辦單位：東吳大學人文社會學院 USR 計畫、雨農山莊管理委員會

協辦單位：跳跳小麥手作坊

　　本次活動主要利用左手香油及安弟羅巴果油製作兩項與防蚊相關的天然精油小物：「防蚊膏」與「防蚊液」；炎炎夏日，像這樣簡單的防蚊小物，深受長輩們的喜愛，除了天然的香氣可以使人放鬆之外，沒有添加任何化學物質的防蚊液，在使用上對身體完全不會造成傷害。由於防蚊液的瓶口窄小，每位長輩都聚精會神的在進行每一個動作，同時也能訓練他們手部的肌肉，讓身體可以更健康。

　　活動期間，葉淑玲老師細心的指導社區長輩及參與的同學，在安全的範圍內將天然的左手香油及安弟羅巴果油加熱，並等待凝固，社區的長輩們相當專心的學習，氣氛也很融洽，待成品完成後社區長輩也能將這些防蚊小物贈予親朋好友。

雖然對我們而言，這些步驟並不複雜也不困難，但對於社區的爺爺、奶奶來說，這些看似簡單的動作，他們需要花較多的時間去記憶、完成，但是透過老師與同學從旁協助，與細心的陪伴與解說，讓每位長者都可以親自動手完成。

雨農盃卡拉 OK 大賽與成果展

活動日期：107 年 12 月 15 日

實踐場域：雨農山莊社區 B 教室

活動類型：大學社會責任計畫在地關懷系列活動（四）

主辦單位：東吳大學人文社會學院 USR 計畫、雨農山莊管
理委員會

　　本次活動主要因應人
社院 USR 計畫社區成果展
而舉辦，除了讓爺爺奶奶
可以參觀 107 年度的活動
成果，還能一塊唱歌同樂。
活動當天上午展示過去一
年、本計畫舉辦的三場社
區活動之成果展；下午則透過極富娛樂性質的卡拉 OK 大賽，
吸引老爺爺、老奶奶走出家門，與家人及朋友結伴，共同參
與及同樂，本次活動創下超過八十位社區居民共同參與的盛
況，對一個原先被視為冷漠的社區，此乃不可思議之事。

　　人所唱出來的歌聲就是運用人體內的氣息振動聲帶，因而產生的共鳴聲音。知名聲樂家蘇麗文說：「唱歌就是呼吸。」科學家及醫學專家們也證明，在唱歌時大腦中會釋放出一種名為「催產素」的荷爾蒙，能夠產生滿足的心情，減少焦慮，增加安全感，這也是我們挑選「唱歌」這項活動作為此次社區活動項目的原因。

　　現場見到許多爺爺、奶奶們唱得意猶未盡，團隊成員也跟著開心，雖然活動名稱是卡拉 OK 大賽，但相比得到名次來說，更重要的是這段大家相聚在一起的時光，是一種鄰里之間的友好展現，也是年輕世代與老年世代的結合。

　　本次的活動除了是卡拉 OK 歌唱大賽，同時也是 107 年度的社區成果發表會，我們非常感謝雨農山莊社區管委會大

力相挺，在每次的活動中提供場地及許多協助，不論是口述歷史訪談還是辦理各項社區活動，管委會的每位委員都熱情參與，也給予很多幫助。未來，我們將持續與雨農山莊管委會繼續合作，將更好的活動帶給社區的每位居民。

活動當天 USR 團隊也替 107 年度所舉辦的所有社區活動製作多張海報，可以看到每個爺爺奶奶在參與活動的過程中，臉上都透露出開心的笑容，這些笑容，就是社區最美的風景。

在參加歌唱大賽之餘，居民們也會到海報前去找尋自己的身影，並回味社區活動的過程中，那些人與人之間互動、互助的美好記憶。

雨農山莊外觀與一般的社區大樓相同，但仍保有眷村的本質。雖然眷村的生活已經難以重現，但透過關懷活動的舉行，仍然可以多少找回從前眷村那特有的人情味。

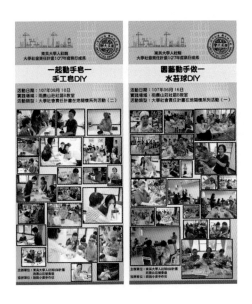

花草帶給我快樂的能量

活動日期：108 年 01 月 05 日

實踐場域：雨農山莊社區 B 教室

活動講師：王麗鶯 老師

活動類型：大學社會責任計畫在地關懷系列活動（五）

主辦單位：東吳大學人文社會學院 USR 計畫、雨農山莊管
理委員會

協辦單位：大願文創基金會

　　本次活動目的主要是「落實在地老化」的概念，並且結合在地社區服務機會所舉辦的園藝治療活動。東吳大學 USR團隊與大願文教基金會首度合作，利用植物及園藝活動來刺激人的五感（視覺、觸覺、味覺、嗅覺、聽覺）及認知，培養長輩們學習和植物做朋友的樂趣，以及增添生活經驗。透

過本次活動得以連結人與植物的世界，同時改善長者的身、心、靈，提升生活品質，期待延緩退化情況並維持現有肢體功能。

　　活動過程中，老師設計一系列的互動，像是「葉子遊戲」及「葉子拼圖比賽」，讓長者們透過簡單的小遊戲可以增進鄰里間的情誼，讓現今人與人疏離冷漠的人際關係可以獲得改善，讓社區長者不僅能獲得專業的花草知識，也在這個過程中，讓心靈放鬆及感受到被關愛。

春到了：自己的春聯自己寫

活動日期：108 年 01 月 26 日

實踐場域：雨農山莊社區 B 教室

活動講師：徐孝育 老師

活動類型：大學社會責任計畫在地關懷系列活動（六）

主辦單位：東吳大學人文社會學院 USR 計畫、雨農山莊管
理委員會

　　本次活動邀請社區的大朋友、小朋友一起來動手寫春聯，
社區的爺爺、奶奶們也紛紛展露絕活、大顯身手。本次活動
也邀請雨農山莊管委會的主委
一起參與，讓社區比以往更加
活絡，是一場親子共享的盛會。
本次活動邀請到世新大學中文
系徐孝育老師，蒞臨現場來指
導社區的大朋友、小朋友如何
握筆、練筆劃，整場活動可說

是年味十足，讓寒冷的多天也增添許多年氣！

　　活動期間，徐孝育老師說：「寫書法要用心寫」，提到自己總愛在夜闌人靜時，伏案揮灑，享受一日來難得的寧靜。雖然當天活動只有短暫的兩小時，但許多社區長輩和我們聊到，這樣的活動讓他們非常享受，著實感受到心境沉澱許多。

　　活動現場一片喜氣洋洋，對於爺爺、奶奶們來說，過年的氣氛還是很重要，特別是春聯的書寫上面！徐孝育老師特別將諸事大吉的諸改以畫「豬」的方式取代，除了取其諧音之外，更是強調豬年的到來！

　　除了書寫自己的春聯之外，現場老師也開放幫學員書寫春聯，每位爺爺、奶奶都能請徐老師寫下最想要的新年吉祥話。春聯上的字不僅代表新年的祝福，也隱含了每位爺爺、奶奶的新年希望。

▌保健青草植物守護我

活動日期：108 年 05 月 25 日

實踐場域：雨農山莊社區 B 教室

活動講師：王麗鶯 老師

活動類型：大學社會責任計畫在地關懷系列活動（七）

主辦單位：東吳大學人文社會學院 USR 計畫、雨農山莊管
理委員會

協辦單位：大願文教基金會

　　現代人講求養生、健康，社區活動也因應該趨勢，邀請
到「大願文教基金會」園藝治療師王麗鶯，以及四位實習園
藝師至社區協助活動進行。

　　活動一開始先透過簡單的遊戲，活絡現場氣氛，老師會
先請參與的長者進行簡單的問答，藉此吸引學員的注意力；
第二階段，園藝師們透過實物的觸摸、品嘗、味道的刺激，
活絡高齡學員的神經。社區的爺爺、奶奶在老師的帶領下，

得以一步一步的進行感官體驗，也能藉由該過程檢視自己的
神經反應。

　　第三階段，透過實物製作，讓學員練習手部肌肉，並從
中獲得成就感。本次實物製作方面，總共有三：天然伏冒飲、
天然中藥草防蚊包、養生青草沐浴包。

六角孔編置物籃—打包帶編織課程（Ⅰ）

活動日期：108 年 07 月 13 日

實踐場域：雨農山莊社區 B 教室

活動講師：賴建忠 老師

活動類型：大學社會責任計畫在地關懷系列活動（八）

主辦單位：東吳大學人文社會學院 USR 計畫、雨農山莊管
理委員會

　　東吳大學人社院 USR 團隊特別邀請到「編織高手」賴建
忠老師到雨農山莊傳授編織的技巧，希望帶給學員不一樣的
體驗。本次的社區活動需要用到兩週的時間，因為長者們以
前並未接觸過類似的編織課程，所以每個人都躍躍欲試。

　　看似簡單的編織籃其實並不容易完成，因為每條線都有
自己的任務，一旦某個細節有所偏誤，編織籃便無法順利完

成。但是我們發現每位長者都有著好學的精神，社區爺爺、奶奶們對自己的要求也相當高，絕對不輕言放棄！

這樣的心智感動了許多在場的大學生，對這些爺爺、奶奶來說，手工編織籃的確是不容易的手工藝品，但他們努力不懈和活到老、學到老的精神，真的是值得所有人仿效。

六角孔編置物籃─打包帶編織課程（Ⅱ）

活動日期：108 年 07 月 20 日

實踐場域：雨農山莊社區 B 教室

活動講師：賴建忠 老師

活動類型：大學社會責任計畫在地關懷系列活動（九）

主辦單位：東吳大學人文社會學院 USR 計畫、雨農山莊管理委員會

　　本次的活動則是延續上週未完成的置物籃編織，期間，賴老師依然用心指導每位學員，爺爺、奶奶們雖然頻頻卡關，要加穿過去的竹線改回正確的順序，但他們依然奮力完成，大學生們也適時的給予爺爺、奶奶們幫助，讓整體活動順利完成。在活動當下，爺爺、奶奶們也和我們聊到，早期物質匱乏的年代很多東西都要自己動手做，不像現在的年輕人很幸福，什麼都買得到。

　　我們也了解到，原來社區爺爺奶奶們的認真，不僅僅只

是對於作品的完整度有所要
求，更重要的，是他們有惜
物的精神。一花一草，一樹
一木皆是造物者給人類最好
的禮物，這不只是一個單純
的編織課程，更是讓我們從
中體會到生活的意義為何。

　　東吳大學的學生也積極參與人社院 USR 計畫所舉辦的社
區活動，他們耐心地陪伴爺爺奶奶一起克服在製作過程中遭
遇的困難。

▍美食饗宴：眷村美食分享與品嘗

活動日期：108 年 09 月 21 日

實踐場域：雨農山莊社區 B 教室

活動類型：大學社會責任計畫在地關懷系列活動（十）

主辦單位：東吳大學人文社會學院 USR 計畫、雨農山莊管
理委員會

　　月圓人團圓，中秋節對於華人來說相當重要，爲了讓中秋佳節更有氛圍，因此 USR 團隊便希望透過舉辦「眷村美食分享與品嘗」活動，邀請眷村媽媽與社區居民一同回味過往眷村懷念的味道。本次活動有六位原眷村媽媽熱情響應，共燒了九道過往居住在眷村時，令她們印象深刻的菜餚，包含「蔥油餅」、「鹹水蝦」、「梅干菜」、「客家小炒」、「客家封菜」、「滷牛肉」、「鮮香炸醬」、「紅燒豬腳」、「烤麩」等，並另外準備餃子、炒米粉、油飯，以及清炒蔬食等，提供給大家享用。

　　除了品嘗記憶中的美食，爺爺、奶奶也大展歌喉，唱起

記憶中的歌謠，並邀請現場居民一起合唱，當天雖然大雨下個不停，但也澆不熄居民們的熱情。

由於活動當日豪雨不斷，USR 團隊原本擔心濕冷的天氣會讓社區年老的長輩感到身體不適而不願出門一同歡慶中秋佳節，但沒想到隨著活動時間漸漸來到，社區的大朋友、小朋友紛紛抵達現場，且人數相當驚人，風雨絲毫不影響活動的進行，氣氛相當融洽歡樂。

在活動現場，同樣備有卡拉 OK 伴唱帶讓長者可以在一邊享用美食的同時，能一邊歡唱。

打出健康的身體，天然經絡拍打棒製作

活動日期：108 年 10 月 05 日

實踐場域：雨農山莊社區 B 教室

活動講師：王麗鶯 老師

活動類型：大學社會責任計畫在地關懷系列活動（十一）

主辦單位：東吳大學人文社會學院 USR 計畫、雨農山莊管
理委員會

協辦單位：大願文創基金會

　　本次的活動我們再度邀請到大願文教基金會的王麗鶯老師，本次活動主要目的是帶領社區長輩們認識人體經絡，並利用乾稻草來製作拍打棒；另外，為了因應炎炎夏日，特別讓長輩們動手體驗做愛玉，愛玉的天然果膠能降低血中膽固醇，同時能促進新陳代謝及利尿，是上好的保健食品。

在活動當天，社區的爺爺、奶奶熱情參與，老師的教學及活動帶領，社區長輩們都給予很大的回應，並與老師有良好的互動，同時，東吳大學的同學也在活動中學習與長輩建立情誼，並協助長輩們完成經絡拍打棒及愛玉製作，彼此相互學習。

手作皮革 DIY

活動日期：108 年 11 月 16 日

實踐場域：雨農山莊社區 B 教室

活動講師：賴建忠 老師

活動類型：大學社會責任計畫在地關懷系列活動（十二）

主辦單位：東吳大學人文社會學院 USR 計畫、雨農山莊管理委員會

　　本次社區活動再度邀請到賴建忠老師，至社區教爺爺奶奶們做手工皮革零錢包。透過老師的細心講解，學員們得以加深對皮件的認識，以及縫製皮革的針法等。除了能親自動手做，也和大學生們互相陪伴，讓此次的活動更加有意義。

　　此次的活動目的在於利用皮件的縫製，讓高齡學員能夠進行手部肌肉訓練。因為在超過 40 歲以後，肌肉量每十年會逐步減少約 8％，爺爺、奶奶們會漸漸感覺到無法拿穩東西，常常手上的東西會突然掉落。

在活動當天，爺爺、奶奶們雖然緩慢，但仍盡量透過自己的力量完成每一道程序；原本在拿到皮革材料的當下，我們還擔心較硬的皮革在縫製過程會對他們來說有些吃力，但在長者們的互相幫助，以及同學們的協助下，每個人終於得以開心地帶回專屬於自己的零錢包。

108 年度社區成果發表會

活動日期：108 年 12 月 28 日

實踐場域：雨農山莊社區 B 教室

活動類型：大學社會責任計畫在地關懷系列活動（十三）

主辦單位：東吳大學人文社會學院 USR 計畫、雨農山莊管
理委員會

　　第一期的大學社會責任實踐計畫即將進入尾聲，USR 團隊特別選在雨農山莊社區裡的 B 教室舉辦社區成果發表會。回首兩年以來，雨農山莊是 USR 團隊長期投入心力的社區，我們很高興和社區居民有許多美好互動。在計畫執行的過程中，社區裡許多居民給我們相當多協助，我們特別在社區成果發表會當天致贈感謝狀，並與參加的社區居民一起來回顧我們這兩年來的活動。

　　首先，感謝六位媽媽一起參與製作眷村菜食譜「眷村媽媽的廚房故事」一冊，同時，在今年 9 月 21 日的社區中秋美食饗宴活動當天辛苦準備菜餚給全體社區居民，也參與我們事前的訪談，分享許多廚房小故事，特別頒發感謝狀，表達我們團隊最深的謝意。

　　在 USR 計畫執行的過程中，經常遇到許多困難，但我們有兩位重要的活動推手，就是雨農山莊社區的前任主委溫德生先生及現任主委陳永醒先生。每次的社區活動皆得到二位鼎力相助，是東吳大學人社院最佳的合作夥伴，在社區成果展當天，我們也致贈感謝狀，感謝二位兩年來給我們許多指導與協助，盼日後東吳大學能夠繼續與社區管委會保持聯繫，能夠帶給社區更多有意義的課程，讓更多師生走進社區，

落實大學在地方社區的社會責任。

　　兩年來，我們辦了許多手作課程及活動，社區的長輩都很喜歡，在成果分享會的這一天，我們精心挑選每次的活動的照片製作成背板，許多社區長輩看見這些照片紛紛回顧起當時參與活動時的那份喜悅，見到他們在照片中尋找自己，我們也相當的高興，因為這些不僅僅只是一個活動的成果，而是透過這樣的互動讓每位社區長輩充滿陪伴與安慰。

　　除了分享這兩年來的心得，我們也準備的認知互動小遊戲與區長輩們同樂，遊戲主要分成兩類，第一部分是九宮格積分，我們準備許多這兩年來和社區活動相關的問題問大家，回答正確的組別可以上投擲軟球於九宮格積分，除了考考大家是否還記得這兩年的活動內容，也讓大家能動動筋骨。

再來是對錯圈叉跳的小遊戲，我們一樣準備和雨農山莊歷史相關的問題，看看長輩們是否還記得過往眷村的大小事。題目內容大多與眷村的發展有關，包括何時建成、改建，以及眷村名稱的由來和與眷村相關的重要歷史背景等。在回答問題的同時，許多長輩熱情參與、舉手踴躍，對於眷村的重要時刻大家可都是記得一清二楚，幾道題目對許多爺爺、奶奶們來說根本小菜一疊，完全難不倒他們！

　　我們將雨農山莊社區的歷史發展設計成遊戲內容，目的除了讓雨農山莊的長輩重溫兩年來的社區活動，也讓長輩們對於雨農山莊昔日眷村的過往記憶再次湧上心頭，從爺爺奶奶的分享當中我們感受到他們對於眷村充滿濃厚的情感，這是他們的避難所，是他們成長的家，也是他們守護一輩子的回憶。

　　活動結束前，我們邀請幾位社區居民進行心得分享。在陳
玉芬女士的分享中，特別提到「生命書寫與服務學習」這門課
程帶給她的感動，雖然她的母親年邁且無法再言語，但伴隨著
課程內容，她重新尋找家中照片及母親年輕時的日記，提起母
親當年身處戰亂的年代，以及如何在艱困的歲月中撐起家中大
小事，感嘆母親的一生是如此的不容易，她也透過再次了解母

親的故事重新思考自己的人生。USR 團隊也備受感動，因為我們所設計的內容，不僅僅只是一場又一場的活動，而是透過這些社區活動，讓這群社區長輩重拾記憶，同時也把握每個留住歷史記憶的機會，透過文字的力量，讓每段回憶，更有溫度。

范錦玉女士在眷村生活大半輩子，把最美好的青春獻給眷村，她提到自己很高興能夠參與 USR 團隊舉辦的社區活動，對於老年人的生活很有意義，希望之後還能夠繼續參加。

雨農山莊社區前任主委溫德生，從小在眷村長大，與社區感情深厚，他與我們分享多年來看到雨農山莊的改變，以及感謝東吳大學讓眷村的老人再度重溫昔日美好時光。

生命書寫與服務學習：雨農山莊長者肌力運動

課程名稱：生命書寫與服務學習

授課老師：沈心慧（中文系）、陳怨（體育室）、許凱翔（社工系）

上課時間：每週一早上10點至12點 （107-2學年度）

　　本課程打破傳統學習空間的限制，將社區轉換為學習的地點，建立大學與社區的連結網絡。此外，在課程設計上我們希望透過一對一，意即一個學生主要關懷一個長者，並以口述歷史的方式，將長者的生命故事記錄下來。

　　本課程主要劃分為兩個部分：

　　第一部分：設計65歲以上高齡者的肌力訓練課程。透過持續追蹤和訓練，加強爺爺、奶奶肢體的支撐力。

第二部分：於每節課後半，留下 30 分鐘讓同學分組與爺爺、奶奶進行對話，並記錄屬於他們的生命故事。

　　課程中，透過運動陪伴，一方面鍛鍊長者的肌力，也透過對話，消除彼此之間的距離。這樣的互動不僅是同學服務長者，更是長者們展現給同學堅韌的生命力量。讓年齡的隔閡逐漸縮小，同時也把握每個留住歷史記憶的機會，透過文字的力量，讓每段回憶，更有溫度。

　　在課程結束前，也特地舉辦了課程成果展，每位同學將一學期與長輩聊天過程中所聽到的生命故事，進行蒐集、整理，製作成獨一無二的手工書，並於成果展當天送給關懷的長者。此外，同學們也親手寫下感謝信，信中表達這一學期以來對於長者的感謝，因為在服務學習的過程中，得到的回饋是雙向的，社區的長者同樣給予我們學生溫暖的關懷，例如，有些長者會邀請同學到家裡吃飯、帶零食到課堂上跟同

學分享等，因此學生在課程中不僅是扮演「陪伴者」的角色，也是個「學習者」，他們透過該課程，得以汲取前人的生命經驗，逐漸成長、茁壯。

有人問說：「什麼是生命書寫？」生命書寫，顧名思義就是寫下一段生命的故事。

眷村裡的居民，雖然不是什麼左右歷史走向的大人物，但他們活過那個最動盪的時代，經歷過身為年輕一代的我們不能想像的苦難。他們沒有向時代低頭，他們走過那個年代，用堅忍不拔的精神，展現最頑強的生命力。

後記

▌文字，讓回憶更有溫度

西元 1931 年，著名的美籍歷史學家卡爾・貝克（Carl Becker）在就任美國歷史學會主席時曾留下一句名言：「人人都是他自己的歷史學家」，換句話說，每個人的記憶都是歷史的一部分，留住歷史就是把人的記憶留下來。因此，東吳大學人社院在第一期的 USR 計畫中，便是採用口述歷史的方式，記錄與書寫下雨農山莊居民的生命故事。

在訪問的過程中，許多難以想像的故事情節隨著受訪者的回憶，慢慢地呈現在團隊成員的面前：有的人是飄洋過海來到臺灣、有的人是在臺灣土生土長、有的人是眷村二代，但她們的一生都受到 1949 年那場歷史巨變的影響。

眷村裡的女人們都曾是隨著大時代走勢而漂蕩的浮萍，萬幸的是，浮萍最終有了落腳之處、有了家。這個家，就是眷村。然而，眷村是時代的產物，隨著時間的推進，也逐漸隱沒在歷史的洪流之中，被一棟又一棟的水泥建築物取而代之。慶幸的是，即使竹籬笆的文化逐漸凋零，這些被時代巨輪推進的女人們早已在此地紮根、在此地散葉，最終揮別了曾是無根浮萍的過往，化為一棵有能力替家人遮風避雨的大樹。

人的一生終究有限，如果不加緊腳步記錄下這些珍貴的歷史記憶，後人將無從追憶，因此文字的力量就顯得特別珍貴。透過文字，記憶得以具象化，也讓動人的故事得以流傳。

▌展望未來

　　雖然第一期的計畫即將結束，但人社院 USR 團隊並未因此而停下腳步，團隊成員仍持續進行口訪，未來預計會將男性的稿件整理成冊，留下更多特殊的歷史記憶。此外，團隊成員也致力於培養文史工作的人才，擴大口述歷史的團隊，讓越多人認識在這塊土地上發生的故事。此外，團隊更希望將觸角延伸到周邊的國中、國小，因為在地認同要從小紮根，才能真正喚起即將消逝的集體記憶。

　　讓我們一起，留下屬於那個美好年代的記憶。

國家圖書館出版品預行編目資料

眷村裡的女人／黃秀端主編.--初版--.--臺北
市：五南,2020.02
　面；　公分.
ISBN 978-957-763-845-8（平裝）
1.女性傳記 2.臺灣傳記 3.眷村
783.322　　　　　　　　　108022921

4P81

眷村裡的女人

主　　　編 —	黃秀端（303.8）
編　　　者 —	黃秀端　楊俊峰　林宜陵　鄭得興
	施富盛　許凱翔　沈筱綺

發 行 人 — 楊榮川

總 經 理 — 楊士清

總 編 輯 — 楊秀麗

副總編輯 — 劉靜芬

責任編輯 — 黃郁婷

封面設計 — 林睿豪　姚孝慈

出 版 者 — 五南圖書出版股份有限公司

地　　　址：106台北市大安區和平東路二段339號4樓

電　　　話：(02)2705-5066　傳　　真：(02)2706-6100

網　　　址：http://www.wunan.com.tw

電子郵件：wunan@wunan.com.tw

劃撥帳號：01068953

戶　　　名：五南圖書出版股份有限公司

法律顧問　林勝安律師事務所　林勝安律師

出版日期　2020年2月初版一刷

定　　價　新臺幣350元